JN106448

ファイナンシャルプランナー
消費生活アドバイザー
山崎俊輔

新NISAとiDeCoでお金を増やす方法

フォレスト出版

はじめに

２０２４年１月から、ＮＩＳＡ制度が大幅に拡充されることとなり、大きな話題となっています。

制度の恒久化が実現、１８００万円という大きな枠組みで非課税投資ができるなど、「大きいこと」ばかりが注目されていますが、普通に働き、普通に資産形成をする私たちにとっては、どこか他人事に感じられるかもしれません。

しかし、このＮＩＳＡ制度を活用できるかは、資産家ではなく、私たちにこそ重要なのです。私たちの未来を、今よりも豊かで幸せなものとするために、ＮＩＳＡ制度を上手に活用していくことが求められています。

本書は「毎月数万円くらいの積立投資」で資産形成を目指す、普通の人の「お金の増やし方」を軸に、ＮＩＳＡ制度の活用方法を解説します。

そもそも数万円の積立をすることも楽なことではありませんから、そうした家計の見直しや節約の話もします。それもまたNISA活用法の一部だからです。

そして、もうひとつ重要になるのは、**iDeCo制度の併用**です。こちらも加入者が300万人を超えて話題となっていますが、制度がやや複雑であることと、枠が相対的に小さいことから、後回しされてしまう傾向があります。

ここはむしろ「小さい枠だけどNISAよりお得」という仕組みを活用したいところです。

本書では特に**「NISAとiDeCoを併用」する賢い戦略**について解説します。

最後に「運用を始めた後」の話もしたいと思います。

なんとなく儲かったら売るだけでは中長期的な資産形成はできません。

毎月の額は少額の積立であっても、「長期」「積立」「分散」という3つのポイントを押さえた投資を意識して、納得しながら運用を継続できる方法を知っておくと、運用の負担は大きく軽減され、誰でも実行でき、続けられる投資方法になります。

あなたの数十年先の未来を想像してみてください。

数十年かけてコツコツとＮＩＳＡとｉＤｅＣｏの残高が積み上がったことで、お金の不安がほとんどなくなる。

そんな未来は実現可能です。

本書をスタートラインとして、ぜひお金を増やしていきましょう。

55歳スタートでここまで増やせる

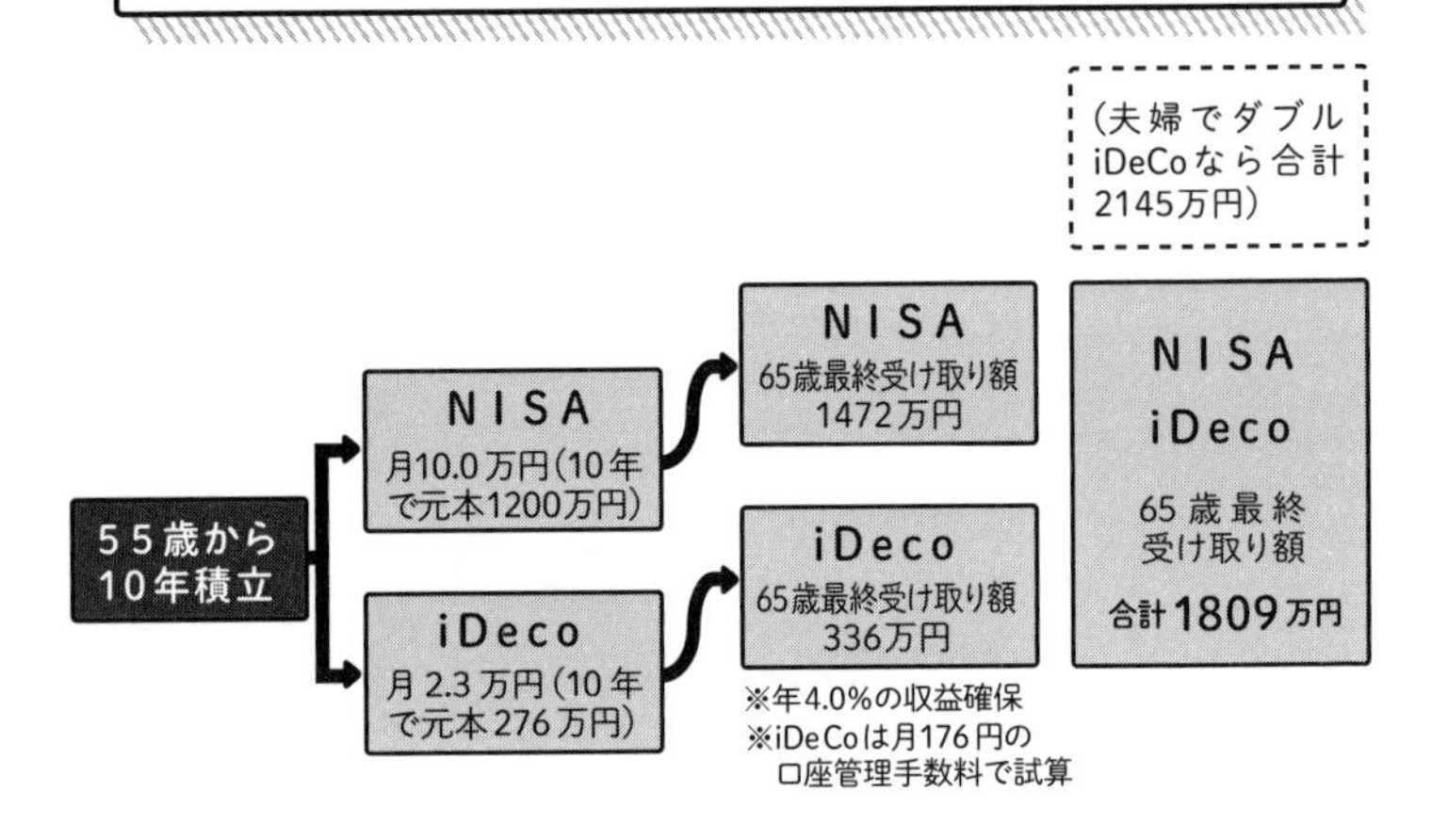

本編に入る前に、年代別にNISAとiDeCoを活用してどれくらいお金を増やせるかモデルを示す。スタートが早いほど、有利であることが分かる。

▼35歳スタート：30年の時間があれば、つみたてNISAに近い水準とiDeCoの満額で老後は安泰。途中で子どもの学費等に取り崩ししても大丈夫。夫婦でダブルiDeCoにできれば、さらに老後は盤石。

▼45歳スタート：45歳は老後の資産形成を本気で考えるにはちょうどいいタイミング。20年の時間が確保でき、それなりに資産も積み上がる。ただしNISAの積立は年100万円ペースを目指したいので、ボーナス時増額も併用しながら取り組みたい。

▼55歳スタート：引退までの最後の10年でどこまで貯められるか試算。月10万円、つみたて投資枠を全額埋めるハイペースで老後に2000万円を確保することができる。夫婦でのダブルiDeCo、退職金や妻の厚生年金なども加えれば、老後の安心を十分に確保できる。

投資開始年齢別の資産シミュレーション

35歳スタートでここまで増やせる

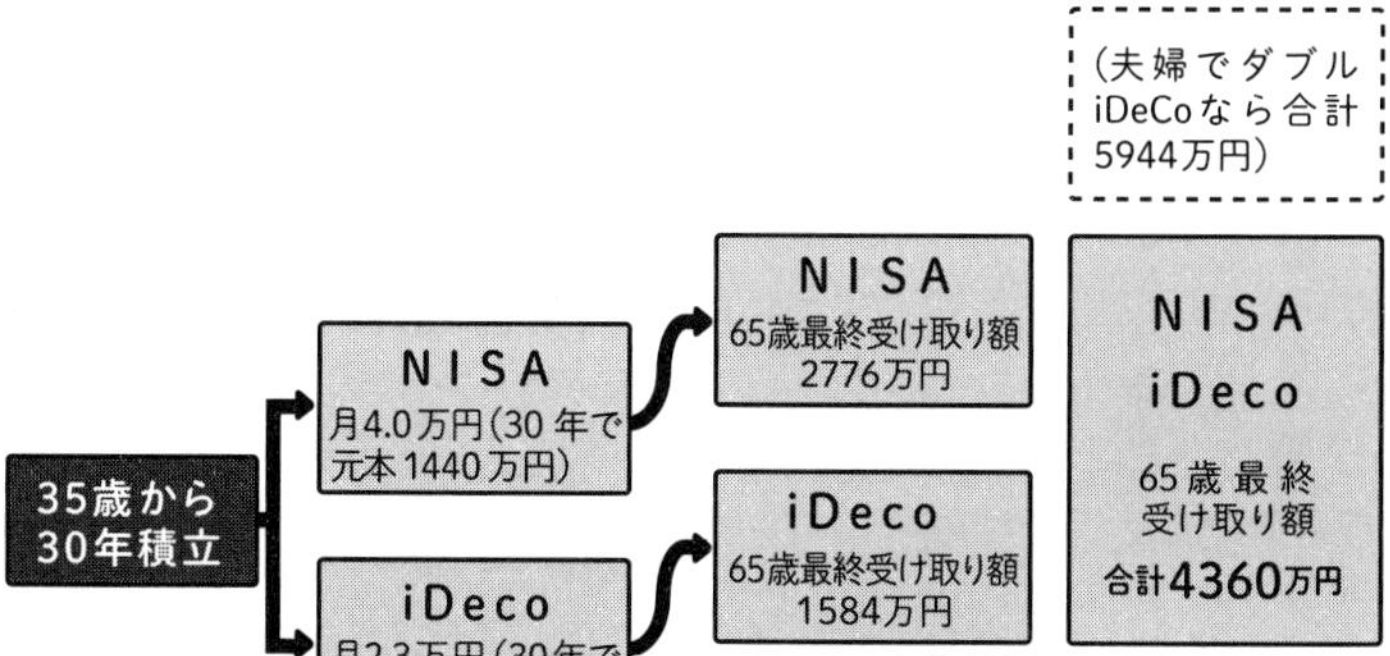

35歳から
30年積立

NISA
月4.0万円(30年で
元本1440万円)

→ NISA
65歳最終受け取り額
2776万円

iDeco
月2.3万円(30年で
元本828万円)

→ iDeco
65歳最終受け取り額
1584万円

NISA
iDeco
65歳最終
受け取り額
合計4360万円

(夫婦でダブル
iDeCoなら合計
5944万円)

※年4.0%の収益確保
※iDeCoは月176円の
口座管理手数料で試算

45歳スタートでここまで増やせる

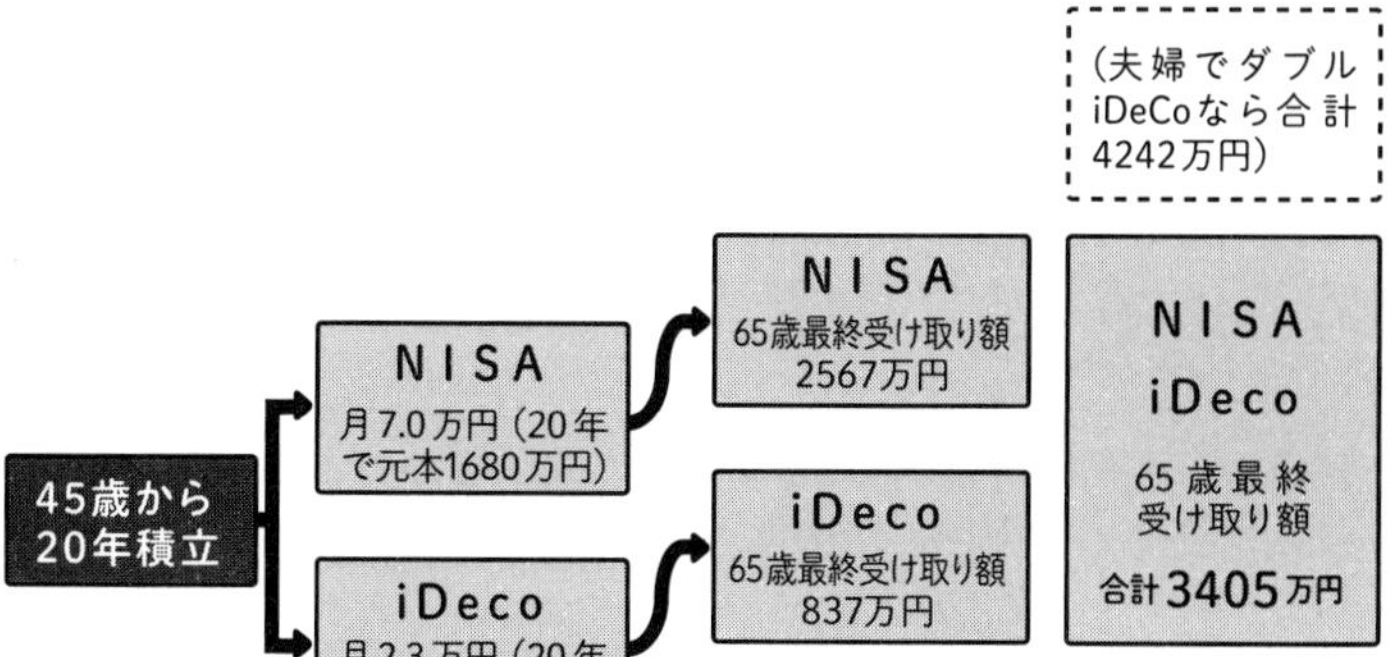

45歳から
20年積立

NISA
月7.0万円(20年
で元本1680万円)

→ NISA
65歳最終受け取り額
2567万円

iDeco
月2.3万円(20年
で元本552万円)

→ iDeco
65歳最終受け取り額
837万円

NISA
iDeco
65歳最終
受け取り額
合計3405万円

(夫婦でダブル
iDeCoなら合計
4242万円)

※年4.0%の収益確保
※iDeCoは月176円の
口座管理手数料で試算

はじめに――3

第1章 これまでのNISA制度とは？

従来型NISAの基本をおさらい――18
NISA制度の持つ3つの不変の大前提
NISAはただの「口座」――銀行口座や証券口座と並ぶ「器」と考えてみよう――21
2023年までのNISAのしくみ――24
NISAは3種類あるが実質は2種類／加入できるのは18歳以上の成人・上限年齢はなし／2つのNISAを選ぶ重要ポイント――年間投資可能額と非課税投資期間の違い／2023年に現行のNISAを新規開設する場合
つみたてNISAと一般NISAの投資対象の違い――31
一般NISAで買えるもの／積立投資を前提としたつみたてNISA
NISAの「買い方」――証券口座を持っているなら手順はそっくり――37
つみたてNISAは自動引き落とし
NISAの売り方――40
税金の手続きはどうなる？――売却時は手続き一切不要――41
「非課税投資の期限」が来たら資産はどうなるか？――44
選択肢①売却する／選択肢②証券口座に移管する／選択肢③ロールオーバー

第2章

NISAは2024年にどう変わるのか？

新NISA制度

（すでに終了）NISAの始め方――47

資産所得倍増プランと新しいNISA――岸田内閣の目玉政策――50
若者を中心につみたてNISAが普及／岸田内閣の資産所得倍増計画プランが改革を加速させる

2024年には実施されない新NISAに要注意――53

新しいNISAで大きく変化する部分とは？――55
変更点①制度の恒久化が実現／変更点②非課税投資期限の廃止／変更点③年単位の管理から口座単位の管理方法へ／変更点④一般NISAとつみたてNISAの区別がなくなる／変更点⑤総拠出枠が設定される

現状の制度を軸にしながら拡大される部分はどこか？――60
対象年齢は変わらず／購入できる商品も基本枠は同じ／年間拠出額が大幅に拡大――3倍多く投資ができる！

従来のNISAと2024年以降の新しいNISAはどう併存するか？――65
拠出上限の管理も別々になる

新旧NISAをあえて併用することで非課税枠を最大化させる方法――68

２０２３年のＮＩＳＡ口座開設は不要？／「２０２３年までの旧ＮＩＳＡは
なるべく満期保有する」がポイント
すでにＮＩＳＡ口座を持っている人の手続きは必要か？――72
金融機関を変更することは可能か？――73
新しいＮＩＳＡの活用法をいくつかの視点で考えてみる――75
少額の積立投資（年40万円程度）をしているケース／年間１２０万円の枠組みを
意識し、個別株の投資を行い、数年程度で利益確定していた場合／資産家が
最短で非課税枠を埋めたい場合

第３章

賢い資産運用が「ｉＤｅＣｏファースト」である理由

ｉＤｅＣｏという名称の由来にこそ存在意義が見出せる――80
魅力的な三段構えの税制優遇がｉＤｅＣｏ最大の魅力――82
入金段階で非課税という「所得控除」のインパクト／ＮＩＳＡと同じく運用益
が非課税――しかも何度でも！
わかりにくい「拠出限度額」のルール――88
専業主婦（主夫）の掛金額／会社員の掛金額（企業年金なしの場合）／会社員の掛
金額（企業年金ありの場合）／公務員の掛金額
会社が確定拠出年金制度を持っている場合の注意点（マッチング拠出）――98

マッチング拠出とiDeCoの3つの違い／会社の掛金額が月0～2万円まで↓iDeCoが有利／会社の掛金が月2～3・5万円まで↓マッチング拠出が有利／会社の掛金が月3・5～5万円まで↓どちらも同じ／会社の掛金が月5～5・5万円↓マッチング拠出が有利

限度額管理のルールは2024年12月からこう変わる！ —— 105

限度額より多い積立をするとどうなるか？ —— 108

掛金額の増減や停止もできることを覚えておこう —— 110

iDeCoは何歳から始めて何歳まで利用できるか？ —— 111

何歳から加入できるか？／何歳まで加入できるか？／60歳以降のiDeCo加入の制限／70歳まで拠出できるような改正が予定されている

掛金の入金と買付はいつになるか？ —— 116

掛金の引き落としは毎月26日／買付はずいぶん後になるが気にしなくてもいい

iDeCo運用の実際 —— 119

毎月の掛金の運用指図／売買をセットで行うスイッチング

iDeCo口座には手数料がかかる —— 124

毎月171円、年2052円はかかる口座管理手数料／口座管理手数料より所得控除の税制メリットのほうが上回る

iDeCoの受け取り方 —— 129

「年金」として受け取るケース／「一時金」として受け取るケース

iDeCoの受取開始年齢 —— 133

i DeCoを受け取る前に亡くなってしまった場合はどうなるか？――135
i DeCoの運営管理機関の選び方――137
比較検討のポイントはたった2つ／運営管理機関の手数料ゼロをまず選ぶ
商品性（ラインナップと運用手数料）でi DeCoを選ぶ――140
好みの商品はリストアップされているか？／運用商品の手数料は低廉か？
数社にしぼりこめれば、最終決断は資料取り寄せ後でもOK――145
加入の手続き書類が多いのがi DeCoの面倒さ／i DeCo加入申し込みのポイント／不明があればコールセンターに問い合わせよう

第4章

【リテラシー編】NISA、i DeCo「以前」のお金の話

どんな有利な資産形成枠も「お金」がなければ始まらない――154
お金の流れはたった5つのパーツで整理できる――156
「節約」こそが「運用」――1万円の「節約」と「運用益」どっちが確実？
物価高の今、積立を続けるためにも節約が重要になる――162
共働きはもっとも有効な「資産運用」となる――164
女性は「正社員」の座に留まるべし
そもそもなぜ、あなたはNISAやi DeCoを使うのか？――167
本末転倒な投資になっていませんか？――169

「何のために」「いつ」「どれぐらい」お金が必要になるのか？

人生は「お金を貯めて使う」の繰り返し——174

「老後に２０００万円」を現役時代に完遂させる——178

誤解の多かった「老後に２０００万円」問題／ＮＩＳＡやｉＤｅＣｏは老後のためにフル活用したい／すでに準備が行われている「老後準備資金」も知っておく／そもそもの生活コストで老後の必要額は大きく増減する

公的年金はどれくらい老後の頼りになるのか？——183

「公的年金が破たんする」という大ウソ／年金水準を引き下げても年金が破たんしない理由

第5章

【投資の基本】素人はできるだけシンプルにラクに運用する

投資はバクチでもギャンブルでもない「三方皆よし」の世界——188

投資は長期で考える——短期で勝負するよりラクで確実——192

長期投資がなぜいいのか？／毎日売買しなくても年７％稼ぐｉＤｅＣｏ口座／長期投資最大のメリットは「ラクなこと」／私たちの未来を信じてみよう

投資は分散で考える——相場を「あえて読まない」投資法——198

上司が激怒する最悪の「スパゲティ」が示す真理とは？／分散投資は相場を読まなくても確実に及第点を取る

投資は積立で考える——むしろ少額からスタートしよう——203
つみたてNISAもiDeCoもゼロからの積立投資をするしくみ／投資未経験者にとっても積立投資が役に立つ／積立投資に一番重要なのは「積立額の確保」
金融庁資料が示す20年の長期積立分散投資の驚くべき結果——208
どの時代に投資をスタートしても運用成績はプラス！

第6章

【実践編】NISA×iDeCo 活用の基本戦略

NISAとiDeCo、どっちを先にやればいいの？——214
iDeCoのデメリットがむしろメリットになる
iDeCoは何歳から始めるべきか？——218
NISAは何歳から始めるべきか？——220
NISAとiDeCoの併用戦略はどう考えるか？——222
NISAとiDeCo併用戦略の基本／もうひとつの併用戦略——夫婦ダブルで「NISA×iDeCo」の4口座戦略／共働き夫婦であれば節税のインパクトも2倍！／4口座より多く開設は可能か？
NISAとiDeCo、毎年いくら積み立てるか？——230
あなたは年間どれくらいの積立ができるか？／必要となるお金はいくらなのか？

第7章

【実践編】4ステップでできるNISAとiDeCoの始め方

ステップ①金融機関を選ぶ――236

銀行系にするか、証券会社系にするか?/NISAとiDeCo、違う金融機関でもいいか?

ステップ②投資の「割合」を決める――240

最初に決めた「投資の割合」が最大のリスクコントロールになる

ステップ③積立額を決めて口座に振り向ける――244

必要な額が分かったら資産運用シミュレーションしてみる/必要な額が分からない場合の積立額の決め方

ステップ④投資商品を選択する――248

バランス型ファンドの絞り込み方/「国内外株式のインデックス・ファンドのみ」というチョイスはありか?

第8章

【実践編】NISA×iDeCoのメンテナンス術

運用は軌道修正が「ときどき」必要――256

まずは自分なりの「ときどき」の区切りを決める

運用状況を確認する――258

時価が下がっていたときどうするか？／ルール① 下がっているときに焦って売らない／ルール② 積立投資は継続する

運用の見直しは「自分の運用方針とのズレ」で考える――263

「全額売る」ではなく部分的に売るのがコツ

運用の見直し① 毎月の「積立額」の運用を見直す――268

運用の見直し② 「資産全体」の運用を見直す――270

そもそもの「預金：投資」の比率を見直す売買／「投資」資金内での商品を見直す売買／バランス型ファンドならリバランスを「自動化」できる／NISA口座・iDeCo口座でのリバランスの注意点

積立金・掛金の増額を検討する――年収が増えたら積立額の増額を検討――278

物価が上がると、将来の必要額も増える／自動的な積立額の引き上げはできるか？

まとめ 株価を見ずに「自分の変化」を見てから売ろう（買おう）――282

おわりに――284

デザイン　小口翔平＋奈良岡菜摘＋青山風音（tobufune）
図版制作　二神さやか
DTP　キャップス
校正　広瀬泉

第1章

これまでのNISA制度とは？

従来型NISAの基本をおさらい

まずはNISA制度の基本を、2023年時点で開設できる仕組みで確認しておきましょう。

「NISA（ニーサ）」というのは実は正式名称ではなく、ニックネームです。

イギリスのISA（個人貯蓄口座）という非課税投資のための制度を日本版（N）にしたということで名付けられたのですが、これがヒットし、ほとんどの人が本当の名前でこの制度を呼ばなくなりました。

正式には**「少額投資非課税制度」**が本来の制度名です。

本来の名称に立ち返れば、NISAがどういう制度なのかがよく分かります。

つまり、「少額」の範囲内で、「投資」をした場合に、その運用収益については「非課税」となる「口座」というわけです。

ＮＩＳＡ制度の持つ3つの不変の大前提

第一に、ＮＩＳＡは「少額」というのが大前提です。

個人がごく普通に取引する範囲に限って税制優遇が与えられます。毎日数百万円のトレードをするようなデイトレーダーの取引には税制優遇は与えられません。

第二に、「投資」をすることも求められます。

もともと定期預金にも非課税枠があって、これは少額貯蓄非課税制度（マル優）と言われます。かつてはかなり広範囲に設定されていました。今では障害者や遺族年金を受給している人などに限られます。範囲も元本350万円までです。ＮＩＳＡはこれと対になって「投資」の非課税制度となっているわけです。

ＮＩＳＡではほとんどリスクのない金融商品は対象外となります。例えば個人向け国債はＮＩＳＡでは購入できません。債券だけで運用する投資信託も同様です（部分的に債券運用を取り入れるのはよい）。**ＮＩＳＡで購入できるのは、株式投資信託もしくは個別企業の現物株式が対象となります。**投資信託と上場株式の特徴を合わせ持つＥ

TF（上場投資信託）もここに含まれます。

第三に、「非課税」という点が最大の特徴です。

通常、投資の収益（譲渡所得）には税金がかかります。原則20％、復興特別所得税を加えると20・315％です。

何度も売り買いをしていれば、この約20％の税率は地味に大きい負担となります。もしこの非課税部分をまるごと受け取って再投資できれば資産形成に大きなプラスです。あるいは生活に用いるとしても、より多くの現金を使うことができます。

非課税のメリットを有する制度はそうたくさんないので、確実に使いたいところです。

少額で投資をした場合、その値上がりにかかる課税を行わない、つまり非課税で収益をまるごともらえるのがNISAの本質というわけです。

NISAはただの「口座」

銀行口座や証券口座と並ぶ「器」と考えてみよう

「口座」という部分をもう少し補足してみましょう。

ときどき、「NISAをください」というお客さんが銀行に現れるそうです。どうやら「NISAはお得らしい」「たぶんNISAという金融商品があるのだろう」と考えて来店したのでしょう。

もちろん違います。

NISAは「商品」ではなく**「口座」**だからです。

私はよく**「NISAやiDeCoは『器』だと考えてみましょう」**といいます。

銀行預金をしたい場合は「銀行口座」という器を作る必要があります。株や投資信託を買いたい場合、「証券口座」という器が必要になります。

NISAもそうした口座であり、器と考えてみると分かりやすいでしょう。

ＮＩＳＡという器をまず用意し、そこで株式や投資信託を購入するわけです。
もちろん、「株」や「投資信託」をＮＩＳＡで買わないこともできます。証券口座で同じ商品を買うこともできますが、それでは税制メリットは受けられません。

このあとセットで説明するｉＤｅＣｏも、ｉＤｅＣｏ口座という「器」であって、そこで銀行預金や投資信託を購入することになるわけです。こちらは預金も投資信託も購入できることが違います（個別株を買うことはできない）。

「器」を選ぶことで税制上の優遇が得られるわけです。

図1　NISAやiDeCoは「器」と考える

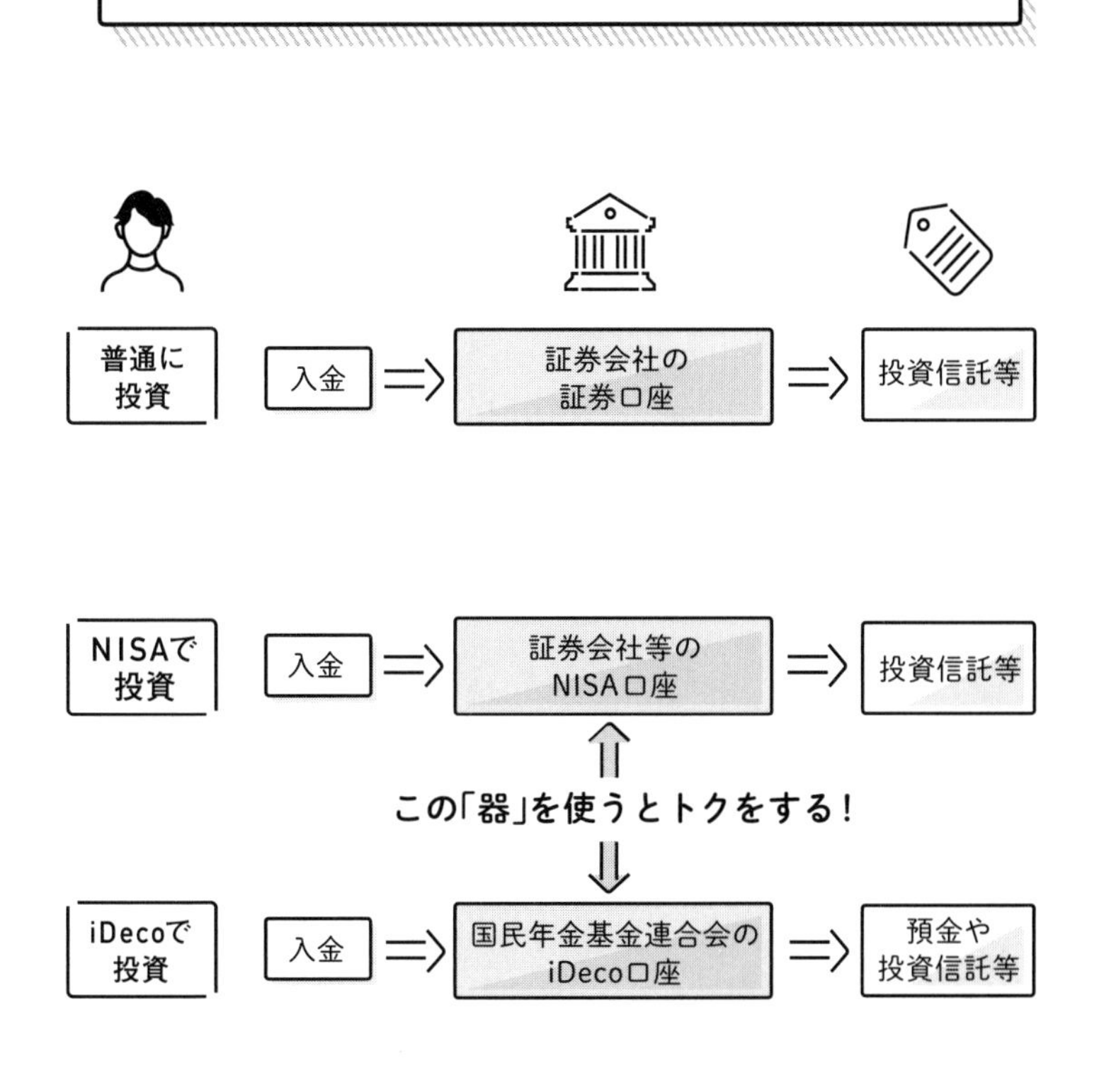

2023年までのNISAのしくみ

それでは最初に、「2023年まで」のNISAについて解説しましょう。読者が2024年以降に本書を開いている場合は50ページまで読み飛ばしていただいてかまいません。

NISAは3種類あるが実質は2種類

NISAは3種類あります。

「一般NISA」「つみたてNISA」「ジュニアNISA」の3つです。

といっても、実質的には一般NISAか、つみたてNISAの2択だと考えてください。ジュニアNISAはその名のとおり未成年のみが対象となり、2023年限りで終了することになっています（2023年中に子ども名義でも非課税投資をしたい場合のみ検討してください）。

一般NISAとつみたてNISAは、1年あたりの投資可能額、非課税投資期間、投資対象商品などが異なり、**「どちらかひとつを選択」**することになります。

現在の制度は2023年で終了するわけですから、今年の選択がラストチャンスということになります（2022年以前にNISA口座を開設済みの場合、基本的には同じNISAが2023年にも開設されていると思います）。

「年単位で開設」というのは2023年までのNISAの原則のひとつです。個人の所得税の管理は年単位（1月1日〜12月31日）で行われるので、非課税口座であるNISAも年単位で考えます。

加入できるのは18歳以上の成人・上限年齢はなし

NISAは誰でも利用できるわけではありません。まず大前提となっているのは成人（その年の1月1日時点で18歳以上）であることです。ちなみに国内居住者であればよく、国籍要件はありません。

当初は20歳の成人になったら利用できる仕組みでしたが、18歳が成人年齢に法改正されたことを受け、2023年からは18歳で口座開設ができるようになりました。これは2024年以降のNISAにも引き継がれます。

逆に海外赴任などでの転出をされた場合は新規買付ができなくなります（手続きをすることで、すでに保有している資産は5年までの範囲で存続が可能）。

上限年齢もありません。70歳あるいは80歳を過ぎてもNISA口座を利用し、投資を行うことができます。このあたり、このあと説明するiDeCoが現役で働いている人のみが加入できる制度設計であるのとは対照的です。

2つのNISAを選ぶ重要ポイント
——年間投資可能額と非課税投資期間の違い

一般NISAとつみたてNISA。

この2つの大きな違いは「年間投資可能額」と「非課税投資期間」の設定が異なることです。これはまさに「一般NISAか、つみたてNISAか」を決めるための重

図2　2023年までの現行NISAは3種類

2023年までの現行NISAは3種類

	一般NISA	つみたてNISA	ジュニアNISA
加入対象者	18歳以上の成人で国内居住者		18歳未満の未成年
年間投資可能額	年120万円	年40万円	年80万円
非課税投資期間	最大5年	最大20年	最大5年か18歳到達
投資対象	個別株、投資信託ETF等	要件を満たした投資信託、ETF	個別株、投資信託ETF等

要ポイントです。

まず**非課税投資ができる期間の違い**です。

一般ＮＩＳＡは5年、つみたてＮＩＳＡは20年が設定されています。正確には投資をした年から数えて５（20）年目の年末になります。２０２３年7月に投資をした場合、２０２８年7月まではなく、２０２７年の12月末までが5年の期限です（つみたてＮＩＳＡは20年で読み替える）。これは、個人の税処理が「年単位（1月1日～12月31日）」で区切られているためです。

仮に12月に投資をした場合、投資資金については5年ではなく4年と1月しか非課税投資期間がないことになり、思ったより非課税投資期間が短いことがあります。

では、最大20年も非課税投資ができるつみたてＮＩＳＡがいいかというと、話はそう簡単ではありません。今度は年間投資枠、つまり1年あたりの投資可能な金額では、一般ＮＩＳＡのほうが大きくなっています。一般ＮＩＳＡが年１２０万円、つみたてＮＩＳＡが年40万円までとなっており、3倍違うわけです。

今までは「一般ＮＩＳＡ：年１２０万円×5年分＝累計６００万円までの非課税投

資」と「つみたてNISA：年40万円×20年＝800万円までの非課税投資」と比べて、つみたてNISAのほうが上回ると説明されてきました。

ただし、2023年で現行のNISAは終了してしまいますので、トータルでの投資可能額を意識する必要はありません。

2023年に現行のNISAを新規開設する場合

すでにNISAを開設していた人は、今年も自分が選んだNISA口座を有効活用すればいいでしょう。しかし、悩ましいのは、2023年に現行のNISAを新規開設しようとする場合です。

単年、1年分の口座しか利用できないことを考えなければなりません。

120万円入金できるものの、5年でリミットがくる一般NISAとするか、年40万円しか入金できないものの、最大で20年を非課税で増やし続けられるつみたてNISAかを検討することになります。どちらがいいかは悩ましいところです。

単純に「今から40万円以上用意し、今年中に投資するのは難しいかな」と判断できるのであれば「つみたてＮＩＳＡ」を選んで、残りの月数で40万円を使い切ることを目指しましょう。使い切れない場合は月数万円でもＯＫです。できる範囲で積立をしてみてください。

40万円以上を今年中にＮＩＳＡに入金する余裕がある、あるいはタイミングをみて好きなときに入金し購入したいという場合は「一般ＮＩＳＡ」になります。

ただし２０２３年はもう残りが少なくなってきており、実質的には4年ちょっとしか非課税投資期間がないことは留意してください。

つみたてNISAと一般NISAの投資対象の違い

「投資」をするのが少額投資非課税制度であるNISAの基本です。これは元本割れする可能性がある商品を保有するということですが、だからといって何でもOKというわけではありません。

2023年までのNISAは、一般NISAとつみたてNISAに分かれていますが、それぞれ購入できる金融商品の制限があります。この基本的なスタンスは2024年以降にも引き継がれます。それぞれ見てみましょう。

一般NISAで買えるもの

一般NISAで買えるものは以下の商品です。

- **上場企業の株式**
- **公募の株式投資信託**
- **ETF（上場投資信託）**
- **REIT（不動産信託）　など**

株も投資信託も購入できますし、ぱっと見では何でも買えて問題なさそうです。しかし、国債を単体で所有したり（例えば個人向け国債）、債券のみで運用をする公社債投資信託は対象外となっています。といっても、2023年段階での低金利情勢下では利回りが低く、非課税メリットもほとんど生じていませんので、あまり気にする必要はないでしょう。

一般NISAの特長は「株」が買えるということです。個別企業の株主となって、株主優待も欲しいということであれば、一般NISAで投資をすることになります。個別企業の株の購入は単価が高くなってしまうので、一般NISAの年間拠出枠が大きめなのもそのせいであったりします。

また、このあとすぐ説明する、つみたてＮＩＳＡ用の投資信託も一般ＮＩＳＡで購入して問題ありません。なんとなく「つみたてＮＩＳＡ対象」と書かれていると一般ＮＩＳＡで購入できないような気がしますが、一般ＮＩＳＡのほうが購入範囲が広いと考えると分かりやすいでしょう。

積立投資を前提としたつみたてＮＩＳＡ

つみたてＮＩＳＡのほうはちょっと条件が特殊になっています。

つみたてＮＩＳＡで買えるものは、「長期積立分散投資に適していると金融庁が定めるガイドラインを満たした投資信託」となります。

いくつかの条件があり、投資信託の場合、以下の条件が課されています。

- **販売手数料無料（ノーロードという）であること**
- **運用管理費用は一定水準以下とすること**
- **運用期間（信託契約期間）が無期限あるいは20年以上であること**

・その他（分配金の頻度は毎月ではない・きわめて高いリスクを取るデリバティブ取引は含まない・顧客に対して運用管理費用の概算額の通知をする等）

これらをクリアした商品のみが、つみたてＮＩＳＡで購入することができます。何やらいささか難しいようですが、

「長期投資をしてくれる商品であること（＝運用期間が無期限あるいは20年以上あって満期を気にしなくていい）」

「積立投資に適していること（＝購入するごとに販売手数料を取られない）」

「長期積立投資で有利になる商品であること（＝運用のコストが低廉である）」

……と読み替えてみると、絞り込む意義が分かるかと思います。

投資信託については、全国で５８００本以上設定されていて、個人が簡単に選べるものではありません。こうしたガイドラインを設定したことで、２３０本まで選択肢が絞り込まれているのです（２０２３年６月時点）。

それでも多いと思うかもしれませんが、ここから投資対象などでさらに絞り込みし

図3　つみたてNISAの対象商品

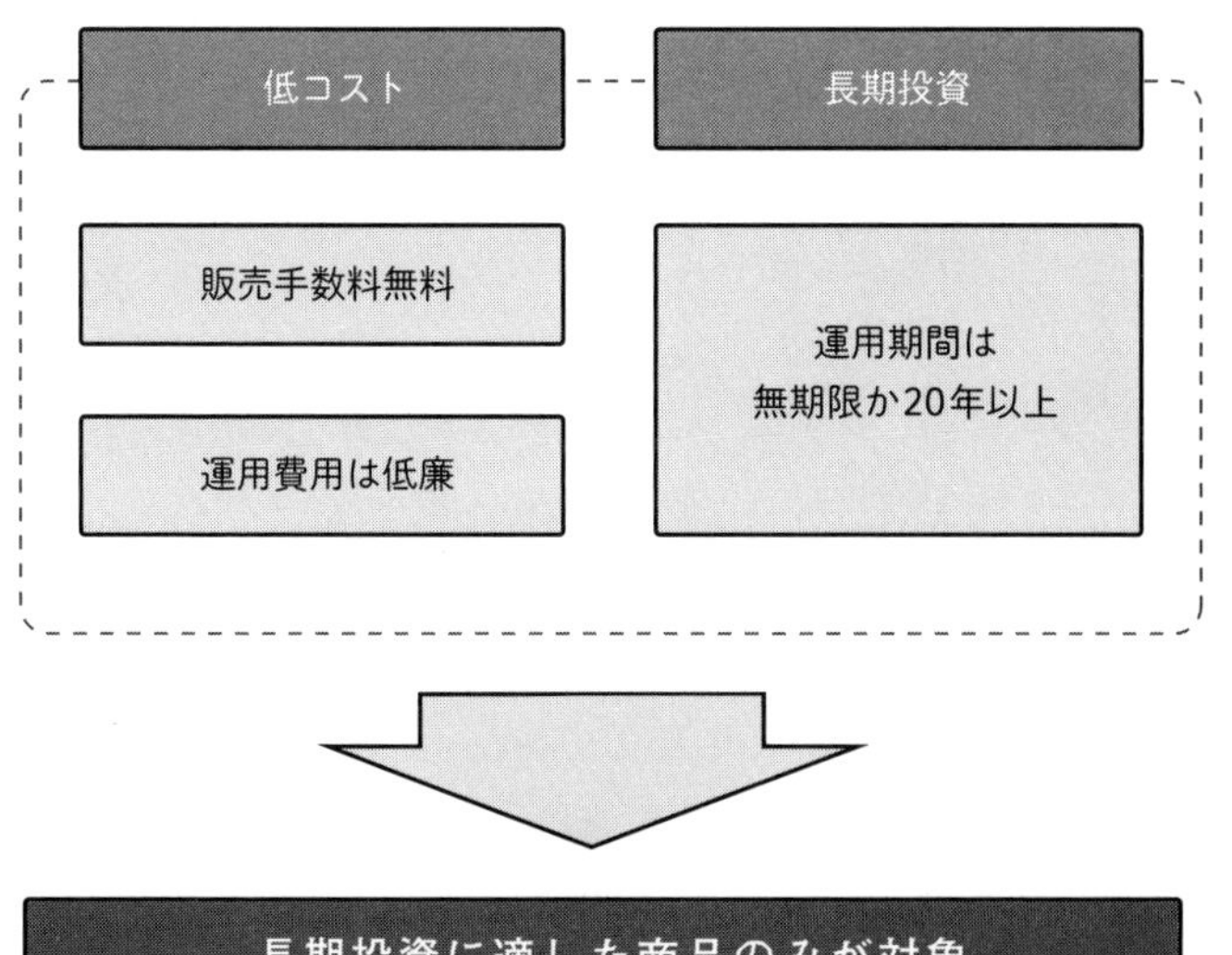

ていけば、候補はだいたい10本以下になるはずです。

いずれにせよ、「つみたてＮＩＳＡ対象」となっている投資信託は、個人には不利益の少ないことがはっきりしているので、ＮＩＳＡに限らず個人の投資に向いている商品のお墨付きがあるようなイメージを持っていいと思います。

ところで、**「長期積立分散投資」**というキーワードを何度か用いていますが、投資信託という商品自体が、分散投資を行うための金融商品となっていることは覚えておいてください。

例えば、「世界中の株式で運用する投資信託」を購入した場合、世界中の数千社の企業の株主になったのと同様ということになります。

バランス型ファンドというタイプの投資信託で、「8資産」と名前にある商品を買うと、国内株、外国（先進国）株、外国（新興国）株、国内債券、外国（先進国）債券、外国（新興国）債券、国内不動産、外国不動産という世界中のいろんな投資対象を1つの投資信託でカバーできたりもします。

低コストで長期の運用が可能な投資信託を活用することで、個人の資産運用のハードルはぐっと下がり、効率的な資産運用ができるようになるのです。

ＮＩＳＡの「買い方」

証券口座を持っているなら手順はそっくり

次にＮＩＳＡの売買について見てみましょう。

まずは、**一般ＮＩＳＡの「買い方」**です。

ＮＩＳＡ口座の開設が完了したら、まずはＷＥＢにログインをしてください。金融機関によって表示画面は異なりますが、「投資信託」のカテゴリー内にＮＩＳＡの残高チェックや売買画面があるか、単独で「ＮＩＳＡ」のカテゴリーが設けられており、そこで売買の画面が表示されることが多いようです。

銀行系のＮＩＳＡの場合、個別株を取り扱っておらず、投資信託のみということが多く、この場合は投資信託の注文画面や残高チェック画面とＮＩＳＡの画面が一体化している傾向があります。画面で投資信託を選択、購入金額（もしくは購入口数）を指定すると、注文が受け付けられ、投資信託の購入が行われます（翌日以降）。

証券会社系のＮＩＳＡの場合、ＮＩＳＡ口座との入出金の連携が必要なことから、証券総合口座の開設を前提としていることが多いようです。この場合、ＮＩＳＡの売買は株式や投資信託の注文画面と一体化していたりします。

株式あるいは投資信託の購入画面に移動したあと「証券総合口座で買うか（ＮＩＳＡ外で買うか）」「ＮＩＳＡ口座で買うか」を選ぶチェックボックスがあります。

これにより、「うーん、この株は短期保有したいからＮＩＳＡ外で買おう」とか「この投資信託はＮＩＳＡ内で買おう」のような戦略が組めるようになっています。投資にある程度詳しい人が多い証券口座ならではの手順ですが、普通の人（特に年間取引額がＮＩＳＡの上限に収まる人）は気にせずにＮＩＳＡを選択、購入してください。

つみたてＮＩＳＡは自動引き落とし

つみたてＮＩＳＡの場合は、自動的に引き落としされた後、購入される仕組みですから、特段の「買い方」はありません。最初に「金額」「商品名」を指定しておけば、毎月定期的に引き落としと購入が行われます。

しかし、「A投資信託とB投資信託を毎月購入したけれど、来月からはB投資信託とC投資信託に切り替えたい」「毎月2万円で積み立てていたけれど、毎月3万円に増やしたい」といった変更をしたい場合は変更手続きが必要になります。

つみたてNISAの定期購入指示を行う画面がありますので、次回から購入したい投資信託や金額を選んで確定させれば、次の購入日からは新たに希望した投資信託あるいは金額で買付していくことになります。

定期購入には銀行口座を指定するのが基本ですが、一部の証券会社ではクレジットカードからの引き落としにも対応しています。この場合、ポイントが貯まることもあるので条件を確認してみてください。

NISAの売り方

さて、売り方のほうはどうでしょうか。こちらは一般NISAもつみたてNISAも基本的には同様です。つまり「売りたい商品を選び」「売却の注文を出す」ということになります。

NISAでの売りは「NISA口座からの出金」を意味しています。これは同時に「非課税投資の終わり」でもあります。

5年あるいは20年の非課税投資のチャンスがまだ残されているのに、あえて売ってしまってもいいのかはよく検討してください。売ったあとにぐんぐん値上がりをして、「あのとき、別に焦って売る必要はなかったのに……」と後悔するのはちょっともったいないことですよね。中長期的に値上がりの可能性が高いなら、できるだけ長く持ち続けておきたいところです。

税金の手続きはどうなる？

売却時は手続き一切不要

ＮＩＳＡといえば非課税投資がやはり一番の魅力ですが、これは「売却」を行うときに確定します。売却を行うと、その株式や投資信託がＮＩＳＡ口座から外れ、現金となって証券総合口座に移ってきます。

このとき、どんなに値上がりをしていたとしても、**税金は引かれずに現金化される**ことになるわけです。

つまり、「売却手続き」の段階では特に手続きは不要です。

初めて売却をするとき、ドキドキしますが、やってみるとあっけなく終わります。

株式投資をやったことがある人が気にすることに**「確定申告」**があります。

これは個人のすべての所得について、1月1日から12月31日までの分を整理して翌年に申告するものです。翌年の2月16日から3月15日までの期間に税務署に提出し、今年の所得税額や住民税額を確定させます。

会社員の場合は給与所得のみが収入のほとんどであるため、会社が年末調整を行って、社員に代わって確定申告をしてくれています。そのため、今まで確定申告を一度もしたことがないという人も多いと思います。

しかし、会社の年末調整には個々人が売買をした株式や投資信託の利益は含まれていませんので、自分で申告をする必要があります。

ところが、**証券総合口座を開設するとき、特定口座（源泉徴収あり）としておくと、売却益から自動的に税金分が引かれ、代わりに納税をしてもらえます。**

NISAも同様に**「確定申告手続きは不要」**となっています。口座開設時に「NISA口座開設者の本人確認」を行うとともに、国税庁と金融機関との間で「この口座から売却があった場合は非課税で処理します」という確認済みになっているからです。

確定申告というのはどうしても複雑かつ面倒で分かりにくいところがありますが、これを省略できることで、私たちは気軽に証券投資にチャレンジできるようになっているわけです。

図4　NISAの買い方・売り方・税金

買い方・売り方・税金

	買う	売る	税金の手続き
一般NISA	買いたいタイミングで購入	売りたいタイミングで注文を出す（売った商品はそこで非課税投資期間が終了）	不要
つみたてNISA	予め「購入日」「購入金額」「購入商品」を指定		

「非課税投資の期限」が来たら資産はどうなるか？

一般NISAは投資をした年から数えて5年目の年末、つみたてNISAは投資をした年から数えて20年目の年末が非課税投資の期限です。

そのとき、NISAに積み立てていた資産はどうなるのでしょうか？

いくつかの選択肢があります。

選択肢①売却する

1つめの選択は**「売却」**です。
5年あるいは20年の期限まで持ちきった資金の多くは、購入時価格より値上がりしていることと思いますが、これを売却して現金を手にします。もちろんその間の値上がりがどの程度であっても、非課税で全額を受け取ることができます。

選択肢②証券口座に移管する

2つ目の選択は**「証券口座に移管する」**ことです。

「まだ値上がりする可能性もあるし、もっと保有し続けたい」と考える場合は、この選択をします。満期到来のタイミングで、その株式や投資信託をNISA口座から証券口座に移します。

仮に10万円で購入した投資信託が15万円になっていたとき、証券口座のほうでは「15万円で取得した投資信託」と記録されてNISA口座から移されます。これによりNISA運用期間の「値上がり分の5万円の非課税」が確定したことになります。

その後、証券口座にある株式や投資信託をいつ売るかは、自由に決めて構いません。売るタイミングでさらに値上がりしていた場合は、その分だけが利益とみなされて課税の計算対象となります。

10万円で購入した投資信託が15万円になっていたケースでいえば、さらに18万円まで値上がりしたところで売った場合、18万円と10万円の差ではなく、18万円と15万円の差である3万円相当にのみ20・315%の税金がかかることになり、NISAの値上がり分の5万円には課税されなかったことになるわけです。

なお、ここから値下がりして売ってしまった場合は、15万円で取得したものとみなして、その値下がり分が他の利益と損益通算されます。

選択肢③ロールオーバー（すでに終了）

もうひとつ、期限到来時の選択肢として **「ロールオーバー」** という選択がありましたが、2024年に新しいNISA制度がスタートすることに伴い終了します。

これは5年目の末に保有していた株式や投資信託を（一般NISAの場合）、そのまま6年目のNISA口座に移すものです。しかし、2023年までのNISAと2024年以降のNISAには連続性がないため、ロールオーバーできなくなりました。

古いNISA本などでは、ロールオーバーの選択のポイントについて紙幅が割かれていますが、これはもはや無視していただいて構いません。

NISAの始め方

NISA口座は必ず開設手続きが必要です。
大まかな流れは以下の通りです。

ステップ①口座開設をする金融機関を決める
ステップ②申請書類を提出する（本人確認書類、マイナンバー確認書類が必要）
ステップ③取引開始（その後、税務署が本人確認やNISA口座が複数開設されていないかチェックを行う）

NISA制度がスタートしたころは、最短でも2～3週間かかっていた（確認終了後口座開設が認められた）のですが、現在は、最短で当日取引開始も可能となっています（郵送手続きがある場合は約1週間）。

ＮＩＳＡを取り扱っている金融機関は複数あります。

金融庁のホームページでは、「証券会社・投信会社」「銀行・信託銀行」「郵便局・農協（ＪＡ）」「労働金庫・信用金庫・信用組合」「生命保険会社」といった金融機関を紹介しています（金融機関選びは運用の実践について触れる章で解説します　↓１３７ページ参照）。

書類手続きについては、多くの部分がオンライン化されています。ネット証券などはスマートフォンでの本人確認書類の撮影・送信、本人顔写真の撮影・送信を行うことで、手続きの多くを完結させることができます。

一般ＮＩＳＡの場合、口座開設後は入金をすることで購入が可能となります。つみたてＮＩＳＡの場合は、引き落とし銀行口座（クレジットカード引き落としに対応している金融機関もある）を指定し、購入金額と購入商品を指定することで、指定日から積立投資がスタートします。

第2章

NISAは2024年にどう変わるのか？

新NISA制度

資産所得倍増プランと新しいNISA

岸田内閣の目玉政策

NISAは、これまでも何度か改正を重ねてきました。そして、2024年から大幅な改正が行われます。本章では新しいNISAについて解説をします。

若者を中心につみたてNISAが普及

かねてよりNISAは、国民の資産形成に役立つ制度としての普及や発展が期待されてきました。スタート時は年80万円の一般NISAのみでしたが、これは年120万円に拡大され、ジュニアNISAやつみたてNISAも追加されてきました。

特に有効だったのは、つみたてNISAです。年間40万円という拠出枠は一般NI

SAに負けるものの、4倍の非課税投資期間は中長期投資を促すもので、かつ運用商品が消費者本位のものに限られたことで、「投資商品は、セールストークで短期売買を回転させるもの」という金融機関の思惑を封じました。

低コスト商品のみを認めるという金融庁のガイドラインは、規制の上限ではなく、さらに低いところで各社の商品開発競争を引き起こしました。

かつては「購入時に3％相当の販売手数料＋年3％の運用管理費用」のような高コストの投資信託がざらにあったところ、今では「販売手数料ゼロ（ノーロード）＋年0・2％以下の運用管理費用」となっているわけですから、競争の激しさが伺えます。

実際、つみたてNISAは若い世代の投資口座開設を促す受け皿として機能しました。2022年9月末のデータによれば、NISA口座が1753万口座、そのうち「つみたてNISA」が684万口座あります。

興味深いのは**つみたてNISA利用者の「若さ」**です。

一般NISAは60歳代以上が口座開設者の53・4％を占めるのに対し、つみたてNISAは20〜40歳代で73・0％と大きく逆転しています。50歳代までを含めると90％に達し、圧倒的に現役世代に利用されていることがわかります。

若い世代の**少額からの長期積立投資というスタイル**を現実にしたのが、つみたてNISAだったわけです。

岸田内閣の資産所得倍増計画プランが改革を加速させる

この流れを加速させようと岸田内閣が考え出したのが**「資産所得倍増プラン」**です。「検討ばかりで実行力がない」と批判の多い岸田内閣ですが、国内で最終決定する前から国連演説などでNISAの恒久化について発言するなど、NISA改革については前向きな姿勢を示し続け、その流れのまま令和5年度税制改正大綱で、新しいNISA制度の概要が示されることとなりました。

NISAの改正については「本当に実現するの?」と懐疑的な人も多かったのですが、これから説明する改正内容を見ると、想像以上の大きな制度改革であり、またそれが合理的に制度を拡充するアプローチとなっています。

2024年には実施されない新NISAに要注意

ところで「2024年開始の新NISA」と解説している記事や雑誌、書籍で**「年122万円」という数字が出てきたら注意してください。**

これはウソ（というかお蔵入り）になったNISAの情報です。

これは「もともと実施される予定だった2024年からの新NISA」なのです。なんじゃそりゃと思うかもしれませんが、もともとは2年前に税制改正が認められ「2024年からはこうなります」と紹介されてきたものです。ところが2022年12月の税制改正大綱ではこれを一気に上回る大きな枠で新しいNISAが2024年からスタートすることになりました。そこで、金融庁はこれから説明する新しいNISA制度のほうを選び、「古いほうの新NISA」は未使用のまま捨ててしまうことにしたのです。古い書籍やウェブ記事には注意してください。

図5　2024年、NISAが生まれ変わる

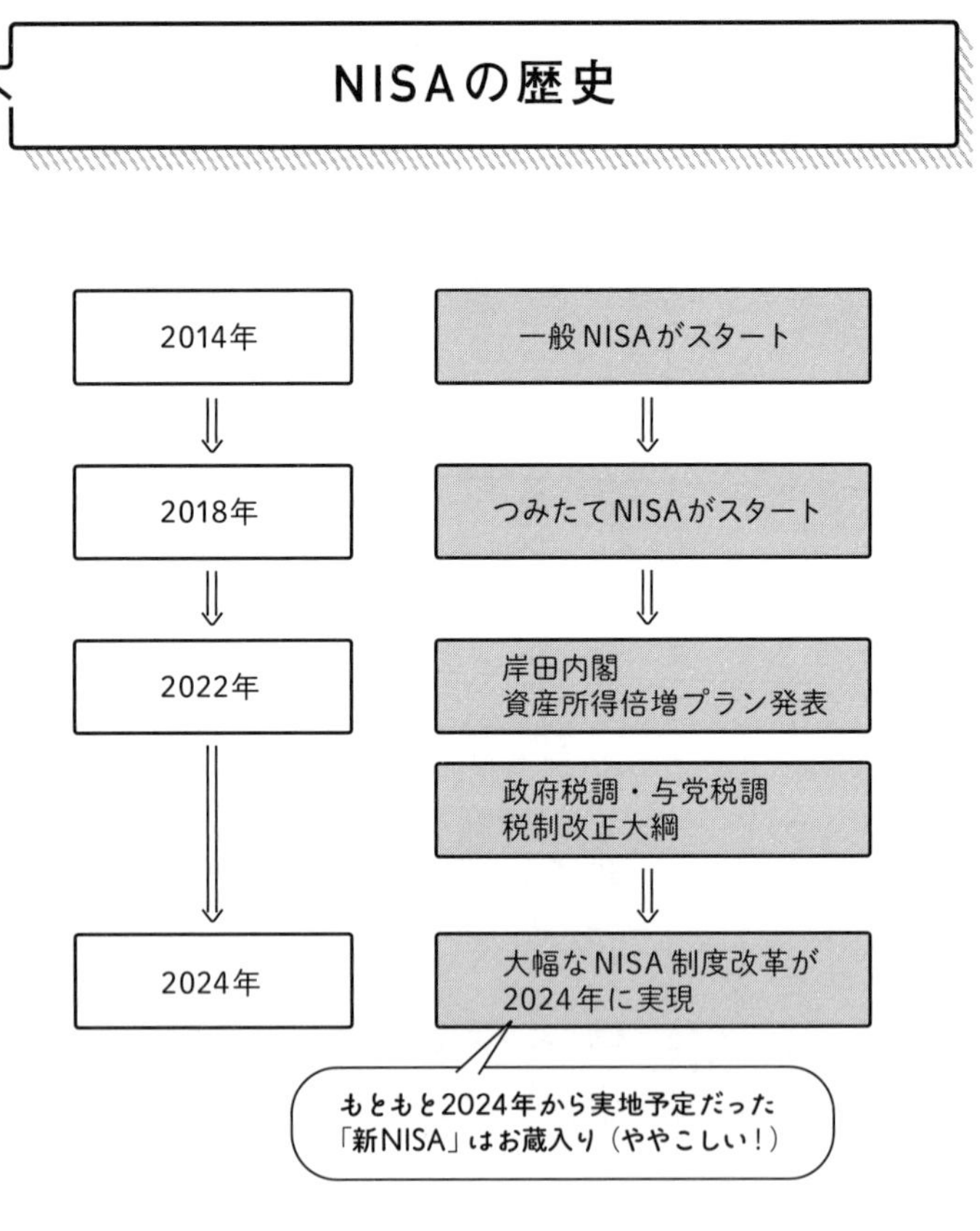

新しいＮＩＳＡで大きく変化する部分とは？

それでは新しいＮＩＳＡについてみていきましょう。

まずは大きく変化する部分です。

変更点①　制度の恒久化が実現

現状のＮＩＳＡ制度は毎年１口座を開設する仕組みですが、実はこれ、５年後、10年後もＮＩＳＡ口座が続くことは約束されていませんでした。

数年おきに税制改正大綱で「これからもＮＩＳＡをＸＸＸ年までは開設できます」と認めて、そのつどアップデートされていたのです。

これではいつまでＮＩＳＡ口座を開設し続けられるか不安です。長期投資といいながら、20年先の未来でつみたてNISAが続いていないのでは困ります。

そこで今回、**NISAは制度として恒久化されることが明確になりました。**これからはNISA制度がなくなることを心配せずに安心して活用できます。

変更点② 非課税投資期限の廃止

一般NISAが「投資した年から5年目の年末まで」、つみたてNISAが「投資をした年から20年目の年末まで」を、非課税投資が続けられる期間としていましたが、これが**完全撤廃**されます。

これは革命的な変化です。

特に一般NISAについては、これまでは中長期投資を求めつつも、投資5年目の年末に何か対応をしなければなりませんでした。毎年毎年、「5年前に投資したお金はどうなっていたのだろう」とチェックし、期限までに手続きをするというのは面倒です。

この非課税投資期限が廃止されることにより、「NISA口座全体」で自分のライフステージや資金ニーズをみながら資産管理できるようになります。

変更点③ 年単位の管理から口座単位の管理方法へ

今までのNISAは年単位で口座管理をしていました。

これまでは、2022年の一般NISA口座の120万円は2026年末まで、2023年の120万円は2027年末まで……といったように管理をしていたわけです。売却するか、証券口座に移管するか、翌年のNISA口座にロールオーバーするか決めさせる仕組みは複雑でした。

運用は「全体」で捉えるべきですが、「2020年に投資した分は増えているか？」「2021年に投資をした分は？」と分けて考えることは合理的ではありません。

今回の改正はこの悩みも解決します。

何年に投資をしたかは関係なく「私のNISAには○○○万円ある」ということだけを考えればいいのです（ただし後述するように、投資上限の総枠管理を行うことになりますが、これは年単位でチェックを行います）。

変更点④ 一般NISAとつみたてNISAの区別がなくなる

2023年までは「一般NISAとつみたてNISAは選択制です」と説明されてきました。どちらか1つを年単位で開設する（普通は同じNISAを継続しますが）仕組みでしたが、これが統合されます。

後述しますが**「つみたて投資枠」**と**「成長投資枠」**という名称で、それぞれつみたてNISAの枠、一般NISAの枠が引き継がれ、NISA口座は1つになります。

「年40万円×20年は合計800万円だからつみたてNISAでいこうか」「年120万円の枠が大きいから合計600万円でも一般NISAで行こうか」と悩ませること自体がハードルでしたが、2024年からはとにかく「NISA口座を作る」ということだけ考えればいいのです。

変更点⑤ 総拠出枠が設定される

先ほど、５年あるいは20年の非課税投資期限が廃止されると説明しましたが、その代わりに設定されるのが**「総拠出枠」**の考え方です。簡単にいえば**「ひとりがマックスでここまで入金できる上限」**ということになります。

年単位の管理がなくなる代わりに**「総額で1800万円まで」**がＮＩＳＡの上限額ということになります。

これは入金して買い付けをした段階の価格なので、１５００万円の投資資金が値上がりして１８００万円の価値を持っていても、まだ３００万円は投資できます。

また、総枠の上限に達していた場合には新規投資ができなくなりますが、売却をした場合はその枠が翌年の投資可能額として復活します。

１８００万円をすでに投資済みであった人が１００万円分を売却した場合、翌年は１００万円まで改めてＮＩＳＡで投資ができるということになります。

この管理は年単位で行われます。復活するのは翌年の1月となりますので、リアルタイムで枠が復活するわけではないことに注意してください。

つまり、デイトレードなどで頻繁な売り買いをしたとしても、空いた非課税投資枠が戻ってくるのは、最大で1年後というわけです。

現状の制度を軸にしながら拡大される部分はどこか？

ここまでは抜本的な見直しを中心に説明をしました。かなり変化が大きいことがお分かりと思います。ほとんど違う制度になるようなイメージですが、現状の制度を軸に拡大される部分もあります。あわせて整理をしておきましょう。

対象年齢は変わらず

現在のＮＩＳＡは成人なら口座開設ができるとしており、18歳以上を対象としています。また国内居住者であれば誰でも口座開設できます。

開設年齢の上限もありません。

この基本的枠組みは２０２４年からの新しいＮＩＳＡ制度であっても維持されます。

ここはまったく変わりがないといっていいでしょう。

購入できる商品も基本枠は同じ

新しいNISAには2つの投資枠があり、つみたて投資枠がつみたてNISA、成長投資枠が一般NISAの制度を引き継いでいるイメージであることは説明しましたが、商品性についても基本的におおむねそのまま引き継がれることになります。

まず、ベースとなるつみたて投資枠については、積立投資による定期購入が必要であり、長期投資に適すると金融庁が定める一定の基準を満たした商品のみが購入対象となります。すでに説明したとおり――

- **運用コストが低いこと**
- **販売手数料は無料であること**
- **長期投資を前提に設定されること**

――などが要件となっています。

基本的に現状のつみたてNISA対象商品はそのまま新しいNISA制度のつみた

て投資枠の対象商品となると考えてＯＫです。

成長投資枠のほうも、一般ＮＩＳＡがベースであり、個別企業の株式やＥＴＦ等が対象となっている一方で、個人向け国債などが対象外なのもそのままです。

ただし２０２４年からは短期投資を想定しているデリバティブ取引を含む投資商品などを除外することになるなど、投資信託については一定の絞り込みがされます。国内に設定されている投資信託は約６０００本ありますが、成長投資枠対象となる投資信託は２０００本ほどまで絞られると見込まれています。

年間拠出額が大幅に拡大――3倍多く投資ができる！

この項目「大きく変化する部分」として、ひとつ前の項目で説明してもいいくらいの大変化がある内容です。一年間で拠出できる枠組みが大幅に拡大することになるのです。それも2倍どころではありません。

２０２３年までは一般ＮＩＳＡが年１２０万円、つみたてＮＩＳＡが年40万円の年間投資可能額として認められ、どちらかを選択する仕組みでした。

２０２４年以降は枠が統合されるだけでなく、拡大されることとなるため、大幅に拠出可能な金額が拡大します。

まず、**つみたてＮＩＳＡに相当するつみたて投資枠は年１２０万円まで拡大します。なんと３倍です。一般ＮＩＳＡに相当する成長投資枠は年２４０万円まで投資が可能でこちらも倍増です。**そして、２つの枠は同時に利用可能ですから、**年間で最大３６０万円まで**投資ができることになります。

この枠の大きさは、２０２３年までの一般ＮＩＳＡの枠と比べても３倍ですから、とてつもない増額といえます。

ただし、注意がひとつあります。

先ほど説明した１８００万円の上限のうち、**成長投資枠については１２００万円まで**としなければなりません。これは長期積立を推進する考え方によります（短期売買に税制優遇を付与する考えではないため）。

基本的には**なんらかの積立投資信託を行い（つみたて投資枠）、余力があれば上乗せで追加の投資信託購入や株式保有を行う（成長投資枠）**というイメージで考えていくといいでしょう。

図6　旧NISAと新NISA比較表

旧NISAと新NISA比較表

	現行NISA		新NISA	
	つみたてNISA	一般NISA	つみたて投資枠	成長投資枠
対象年齢	18歳以上		18歳以上	
期間	2042年末まで 新規買付は 2023年まで	2027年末まで 新規買付は 2023年まで	2024年から 恒久化	
併用	不可		可能	
生涯非課税限度額 （最大非課税金額）	800万円 40万円×20年	600万円 120万円×5年	1,800万円 成長投資枠の上限は1,200万円	
年間投資上限	40万円	120万円	全体として360万円 120万円	240万円
非課税期間	20年	5年	無期限	
対象商品	金融庁が指定する条件に適合する投資信託	上場株式／EFT／投資信託／REITなど	つみたてNISAと同様	上場株式／EFT／投資信託／REITなど一部除外商品あり
非課税枠再利用 （売却時）	不可		可能 売却時に非課税投資枠（生涯非課税限度額）の再利用が可能になった	

従来のNISAと2024年以降の新しいNISAはどう併存するか？

「2023年までのNISAと、新しいNISAはどうつながるの？」

このような疑問を抱く読者も多いことでしょう。

答えを先にいえば、**2023年までの分と2024年までの分は別で管理され、つながりはなくなります。**

2023年までに開設された一般NISA、つみたてNISAは、それぞれの期限まで非課税投資を続けることができます。

例えば、2022年に開設した一般NISAは5年目の年末にあたる2026年末までそのまま非課税投資ができます。2023年に開設したつみたてNISAも、20年後の2042年末まで保有し続けることが可能です。

それ以前に開設したＮＩＳＡ口座も、所定の5年ないし20年の非課税投資を継続することができます。

ただし、新しいＮＩＳＡとは連続性がないので、5年目の年末（一般ＮＩＳＡの場合）に、翌年のＮＩＳＡに引き継ぐことはできません。売却をして現金化をするか（運用益は非課税）、売らずに証券口座に移動させるか（この場合、年末時点の時価で購入したものと処理されるので、そこまでの値上がり分は非課税になる）の選択となります。

もちろん、現金化した場合はその資金を用いて新しいＮＩＳＡでの買付をすることは可能です。

拠出上限の管理も別々になる

拠出上限の管理も「２０２３年までＮＩＳＡ」と「２０２４年以降の新しいＮＩＳＡ」は別カウントされます。

例えば、年40万円のつみたてＮＩＳＡを２０１８～23年まで全額使い切っていた人がいて（元本で２４０万円）、２０２４年から新しいＮＩＳＡ制度に毎年３６０万円の上限を入金し続けたとします。2027年末には旧NISAで240万円、新しいNISAで1440万円、合計で1680万円が非課税投資されていることになりますが、新旧NISAの非課税枠は別にカウントされるので、2028年にはまだ360万円の投資を行えることになります。

「新旧NISAの枠は被らない」と覚えておきましょう。

ここは重要なポイントなので、もう一度まとめておきます。

- **2023年までのNISAはもともと設定されていた非課税投資期間を満了するまで保有することができる**
- **2023年までのNISAは2024年以降のNISAの「1800万円まで」の上限枠と別に管理される**
- **2023年までのNISAから新NISAへ直接株式や投資信託を引き継ぐことはできない**

新旧ＮＩＳＡをあえて併用することで非課税枠を最大化させる方法

あなたがもし、この本を２０２３年の半ばくらいに手に取ったのであれば、「話題のＮＩＳＡは２０２４年からららしいし、今年はいいかな」と考えるかもしれません。
しかし、それはもったいないチョイスです。

２０２３年のＮＩＳＡ口座開設は不要？

２０２３年のＮＩＳＡは開設しておき、２０２４年以降の新ＮＩＳＡとは別に併用しておいたほうが非課税枠を最大化できます。

仮につみたてＮＩＳＡに３年分、１２０万円の資金を積み立てた人がいて、このまま持ち続ければ最大で**「新しいＮＩＳＡ１８００万円＋２０２３年までのＮＩＳＡ１**

20万円」とその運用収益を非課税で投資することができるわけです。

これは2023年までにNISAをしていた人へのご褒美みたいなものなので、使わない手はありません。

「話題のNISAは2024年かららしいし、今年はいいかな」と考える必要はまったくありません。

2023年に使える枠はもう1年分しか残っていませんが、それも問題視する必要はありません。つみたてNISAでも一般NISAでも、「むしろ小手調べとしてはちょうどいい枠」だと考えてみればいいと思います。売却したければいつでも売却できるわけですから、その点でも不利益はありません。

なお、開設最初の年は、つみたてNISAも「残りの月÷40万円」のような設定が可能なので（通常は月あたり3・3万円以上積立できない）、今からでも年40万円の枠を使い切ることができます。

例えば10月からの積立開始に間に合った場合は、月10万円×4カ月で年40万円の非課税投資を行うことが認められます（もちろん、月数万円の設定で無理なく利用してもOKです）。

「2023年までの旧NISAはなるべく満期保有する」がポイント

2022年以前からNISAで保有している資金がある場合は、できるだけ**満期保有**を目指していくといいでしょう。

今あるNISAの5年ないし20年という非課税投資期限はもう回復することはありません。5年を待たずに売却をしてしまうと、非課税投資のチャンスは終了し、その後どんなに上昇したとしても、その収益を非課税で得ることはできなくなります。

お金が必要になって、借金をしないためであれば、解約をためらう必要はありませんが、定期的に積立を行っているような人は、5年もしくは20年の満期が到来するまで非課税投資を続けていきたいものです。

また、新しいNISA制度のほうは1800万円の投資枠が何度でも復活しますので、どうしても少しお金が必要になった場合も、2024年以降の新しいNISA制度のほうで売却をしてしまう方法も考えられます。

今あるNISAの非課税期間を上手に活かしていきたいものです。

図7　2023年のNISA口座開設は不要?

2023年のNISA口座開設は不要?

まだ間に合う!
今年(2023年)もNISA口座を
開設しておこう

年内に40万円以上
投資できるなら
一般NISA

年内に40万円以内で
投資するなら
つみたてNISA

すでにＮＩＳＡ口座を持っている人の手続きは必要か？

ところで、２０２３年までのＮＩＳＡ口座をすでに持っている人の手続きはどうなるでしょうか。

ＮＩＳＡ口座の開設に当たってはマイナンバーを提出し、国税庁の審査を受けることになりますが、改めて２０２４年に再提出の手続きが必要になるのでしょうか。

答えは**「再手続き不要」**です。

すでにＮＩＳＡ口座を持っていると判断されますので、２０２４年1月になると、新しいＮＩＳＡの口座が設定されることになります。

ただし長期保有になることから、定期的に現住所等の本人確認が行われることになります。

金融機関を変更することは可能か？

2023年までのNISAは、「年単位」で口座を開設します。これを利用して「2022年は○○銀行でNISAをしていたけれど、商品ラインナップがイマイチなので、2023年からは××証券でNISAをやろう」というようなことが可能でした。

新しいNISAは数十年、あるいはそれ以上にわたって資産形成を行うこととなり、金融機関を変更する必要性もあるでしょう。

金融機関の変更ができることは、サービスの競争が成立するためにも重要なことです。

この点については現状ではまだ明確な手続き方法、口座管理方法などは示されていませんが、金融庁のQ&Aページでは以下の回答が掲載されています。

・金融機関の変更は可能です。

・利用者それぞれの生涯非課税限度額については、国税庁において一括管理を行うこととされています。

ただし、資産を他の金融機関に引き継げるかどうかは不明です（２０２３年までのＮＩＳＡの場合、金融機関を変えても、旧年のＮＩＳＡ口座で非課税投資を続けたい場合はそのまま残すこととなります）。

長期にわたって利用できそうな金融機関を最初から選んでおくことが重要です。

新しいＮＩＳＡの活用法をいくつかの視点で考えてみる

今回の大きな改正は、現状の枠組みのいいところは活かしつつシンプルにしたり、枠組みを大きく拡大したり、同時に短期売買には一定の制約を課すなど、合理的で賢い見直しとなっています。

新しいＮＩＳＡ制度の活用方法は、後述するｉＤｅＣｏの投資、資産管理の基本を押さえてから検討しますが、ここでは新しいＮＩＳＡ活用のポイントをいくつかまとめておきたいと思います。

少額の積立投資（年40万円程度）をしているケース

この場合、基本的に変化はありません。

むしろ非課税投資期限を気にすることなくいくらでも積立投資を継続することができます。仮につみたてNISAと同水準の積立をしていった場合でも、21年以上資産形成を続けていくことができます。

年40万円程度の積立の場合、**30年続けて1200万円の元本**ですから、1800万円の上限に達しません。現役時代ずっと続けても大丈夫です。これに**年4%相当の運用収益が上乗せされれば、2300万円**に達します。元本比では50%以上の増加となっており、老後不安はほとんどないでしょう。

積立を継続している途中に、年収増などに伴い積立を増額する余裕も残っています。こちらも年40万円の枠を超えて最大で毎月10万円の積立がつみたて投資枠内でできますから、ほとんど上限を気にする必要はありません。

年間120万円の枠組みを意識し、個別株の投資を行い、数年程度で利益確定していた場合

一般NISAを使って、5年内に利益確定するイメージで投資をしていた人もいるでしょう。この場合も今回の改正は役立ちます。

成長投資枠の上限1200万円をにらみつつ、年240万円の成長投資枠を活用しながら売買を繰り返していくようなスタイルで、NISA口座を使うことになります。5年の期限は意識する必要がなく、利益確定したいタイミングを狙うことができます。**利益確定した枠は復活しますので、何度でも非課税投資ができます。**

とはいっても、総拠出枠の回復は1年単位なので、あまりにひんぱんな売買には向いていません。デイトレード、スイングトレードのようなスタイルよりは3〜4年くらいのスパンでの中期投資に向いているでしょう。

一方で、つみたて投資枠を使わないと1800万円の上限を活用することはできません。できれば積立投資の設定も検討したいところです。

資産家が最短で非課税枠を埋めたい場合

基本的にNISAが対象として想定しているのは、資産形成の途上にあって徐々に積立を行っていくような世代です。しかし、相続などでまとまったお金を手にしたり、すでにある資産を使ってNISAの税制メリットをフル活用したいという人もいるでしょう。

この場合、**つみたて投資枠で年120万円、成長投資枠を使って年240万円の投資を行い、最短5年で1800万円の非課税投資を行うことができます。**ただしそれ以降は売却を行わない限り、追加の投資を行うことはできません。


ここまで新旧NISA制度（といっても2023年に本書を手にした読者にとってはまだ「旧」ではなく現在進行形ですが）について、制度の概略をチェックしてみました。

NISAが魅力的な制度であることは間違いありません。**これをどう活用するかが、今後の人生の大きな分岐点となりうるほどのインパクトを秘めています。**

次の章で解説するiDeCoと併せて活用すれば、さらにその魅力と効果は倍増していきます。

今までNISA口座を開設していなかったという人はぜひNISA口座を作ってみてください。口座は作ってあるけど放置している（一般NISAの場合、ゼロ円口座がありうる）という人も、これを機にリスタートしてみてはどうでしょうか。

第3章

賢い資産運用が「iDeCoファースト」である理由

iDeCoという名称の由来にこそ存在意義が見出せる

iDeCoこと個人型確定拠出年金制度は、確定拠出年金法にもとづく制度です。NISAが金融庁の所管であるのに対し、こちらは厚生労働省の所管となります。この違いは制度の設計コンセプトに大きく影響を与えているので、ちょっと覚えておくと制度の理解に役立ちます。

NISAのほうは、「投資をしてくれるなら、運用収益を非課税にしてあげる」というコンセプトが明快です。

しかし、iDeCoの基本的なスタンスは**「公的年金に上乗せして、老後を豊かなものとするための制度」**というところにあります。

例えば、60歳まで原則受け取れないという不思議な規制も、この基本スタンスを理解すれば納得がいきます。

拠出限度額が働き方によって異なるのも**「働き方によって、公的年金に上乗せする非課税枠の水準は異なる」**という考え方があるからです。自営業者は厚生年金をもらえないため、老後の公的保障としてiDeCoの枠を大きく確保し、自力での老後資金準備を促しています。

ところで、iDeCoという名前も、ちょっと不思議です。

途中のDとCが大文字になるのには実は理由があります。

「個人型確定拠出年金」の英訳に相当するIndividual（個人）な、Defined Contribution Plan（確定拠出年金）の頭文字を取ったのがiDeCoというわけです。

今はNISAのほうが盛り上がっているタイミングですが、安定した将来設計を考えたら、基本的には年金制度である**「iDeCoファースト」**であり、さらには**「iDeCoとNISAのミックス」**で資産形成は考えていくべきだと思います。

まずはiDeCoの基本的な仕組みを理解するところから始めましょう。

魅力的な三段構えの税制優遇がiDeCo最大の魅力

iDeCo最大の魅力は**「税制優遇」**です。

NISAにも運用益非課税の魅力がありますが、iDeCoはそれも含めた**「三段構え」の税制優遇**が講じられており、その真価はNISAを上回ります。

入金段階で非課税という「所得控除」のインパクト

NISAに積み立てるお金は「給料で受け取る段階で課税済み（所得税や住民税が引かれている）」のお金です。給料から税金が引かれるというのは当たり前のことですが、**iDeCoはこの当たり前をスキップして資産形成に入ることができます。**

つまり、「1万円稼いだお金をiDeCo口座に掛金として入金すれば、税金を払

図8　「所得控除」なら入金段階で非課税

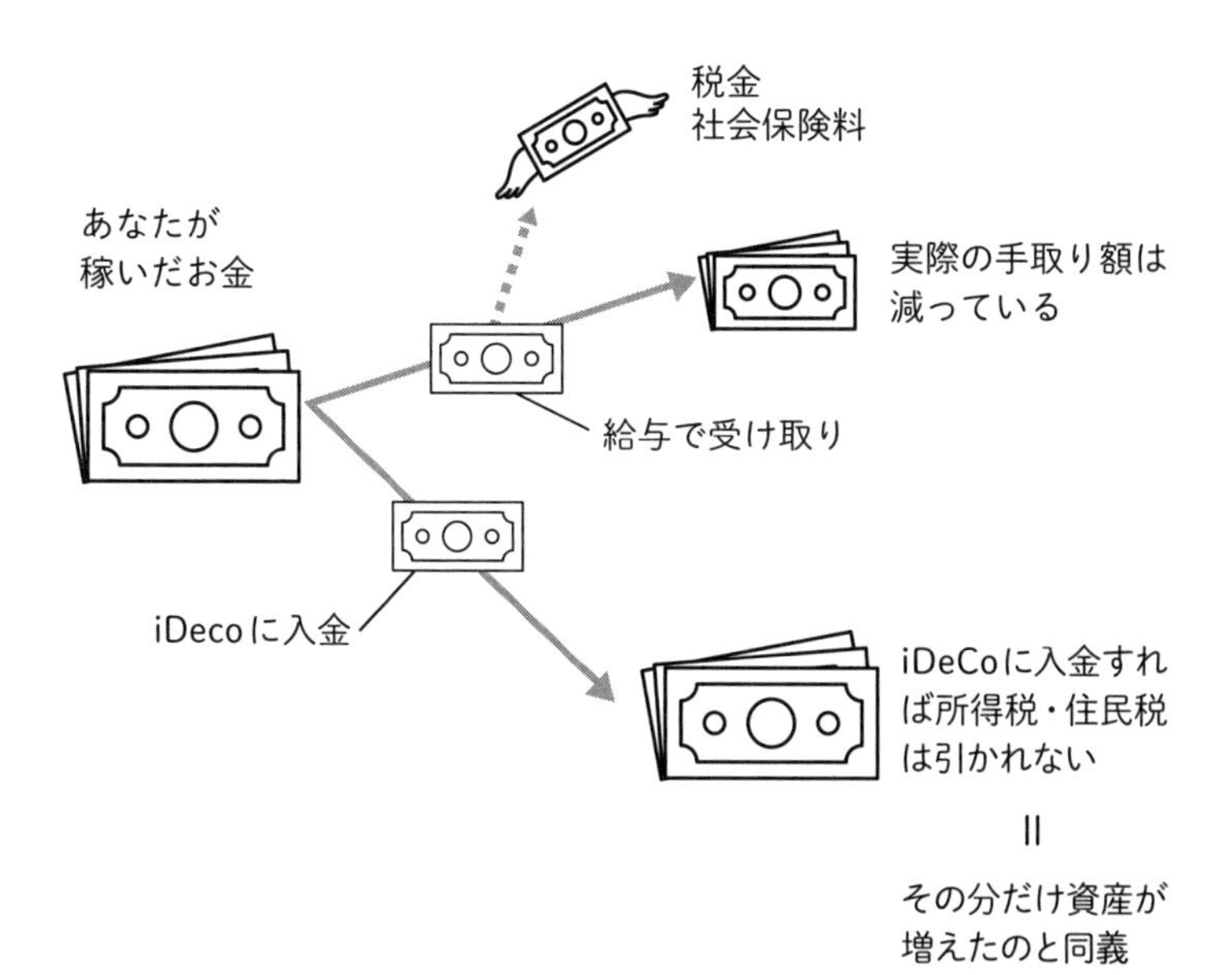

わずにそのまま1万円入金される」というわけです。

若い世代であればざっくり20％くらいが所得税と住民税の負担率ですが、仮に1万円稼いでも、給与で受け取ることができるのは8000円です（ここから社会保険料がさらに引かれる）。減った状態からNISAに入金して増やそうとするより、最初から1万円が入金されたほうが有利なのは明らかです。これはiDeCoにのみ与えられた大きなメリットです。

NISAと同じく運用益が非課税——しかも何度でも！

運用収益について非課税である点で、NISAとiDeCoは同等です。

しかしNISAは売却した場合、いったんNISA口座から出金され、また新たな余枠で買付をすることになります。

ところがiDeCoは、iDeCo口座内で何度でも再投資をすることができます。

つまり、解約をする（60歳以降）まで非課税投資を継続することができるという違いがあります。枠が小さいとしても、これは強力な非課税メリットで、うまく活かせ

図9　一目瞭然！　iDeCoの税制メリット

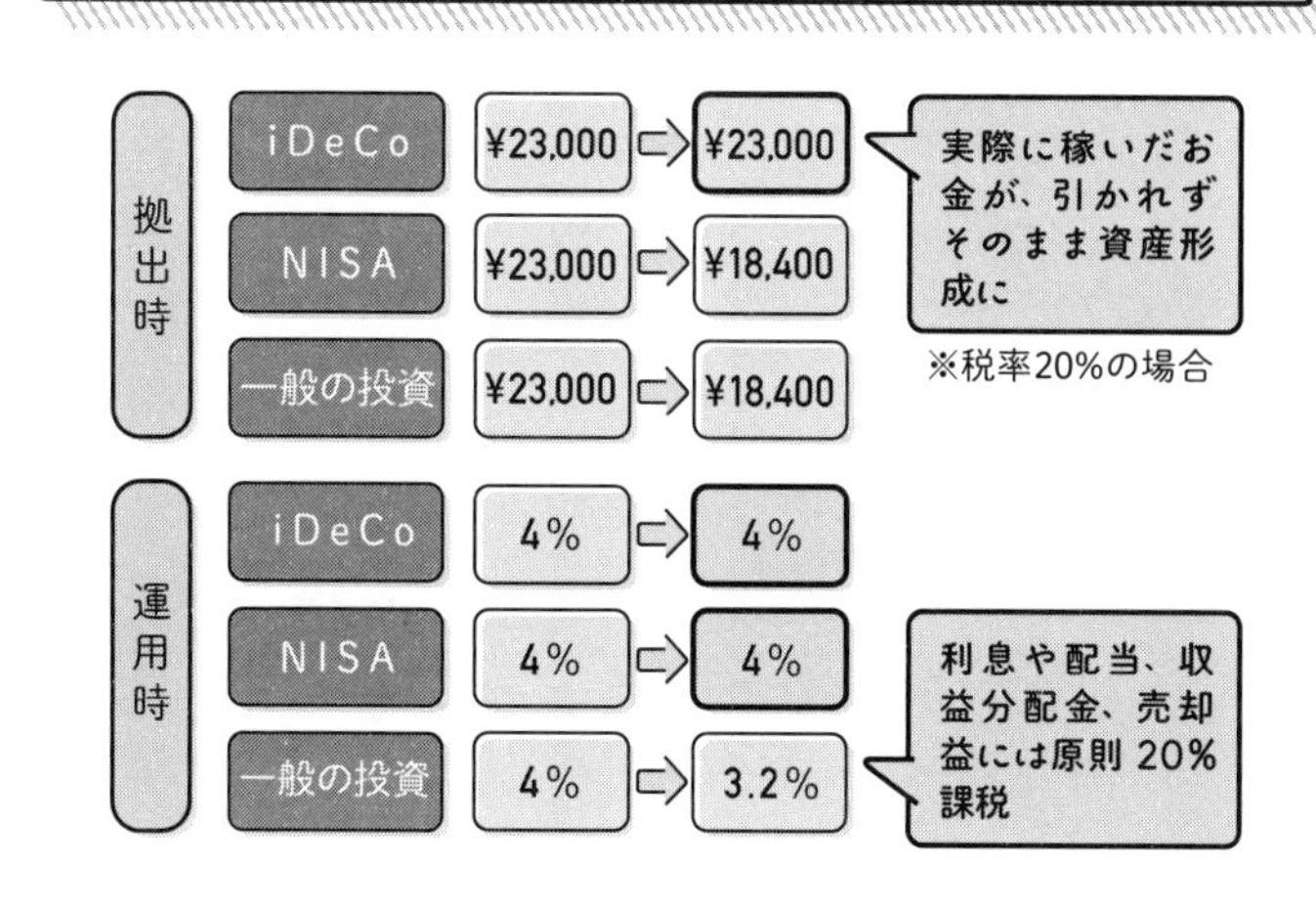

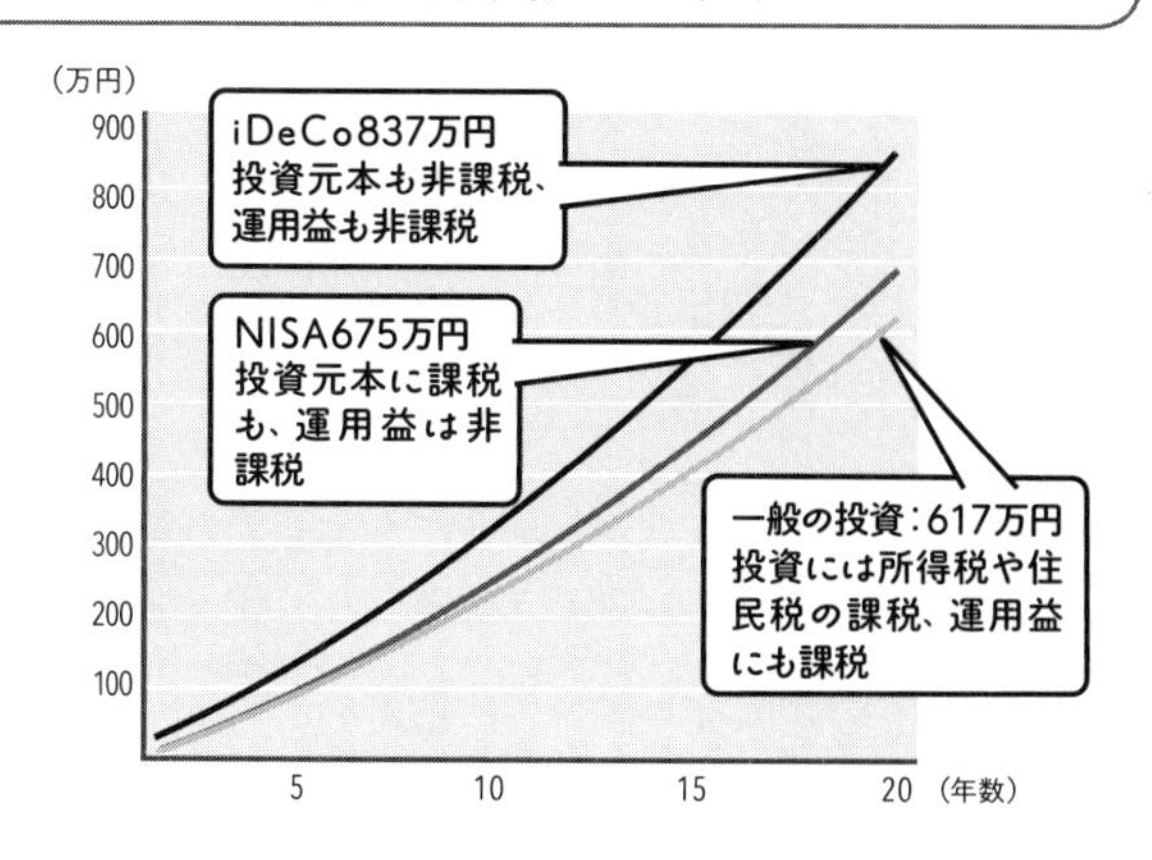

ばＮＩＳＡ以上です。
とはいえ、「稼いだお金に一度は税金をかける」というのが徴税の基本ルールなので、ｉＤｅＣｏは最後の受取時に課税処理をすることになります。ところが受取時の税率は現役時代よりも（年収が大きく下がっているため）低くなることがほとんどですし、一時金で受け取った場合は高額の非課税枠が用意されているため、**「全額非課税」**もしくは**「低い税率での課税」**で受け取れることになります。

入り口から出口まで、全額非課税で運用できるチャンスが十分にあるという、三段構えの税制優遇がｉＤｅＣｏの最大の魅力なのです。

ちなみに同額を「所得税・住民税を引かれない」ＮＩＳＡとｉＤｅＣｏとを比較した試算では大きくｉＤｅＣｏの残高が高まります（図9）。ｉＤｅＣｏのほうがＮＩＳＡ以上にお金を増やしているのです。「仕事で稼いだ額は同一」「運用成績も同一」でありながら、税制優遇の有無で違いが生じていることが注目に値します。

本書ではＮＩＳＡの魅力を伝えつつも「ｉＤｅＣｏファースト」での活用法をアドバイスしますが、その理由がおわかりいただけたでしょうか。

図10　iDeCoの税制優遇は三段構え

iDeCoの税制優遇は三段構え

積み立て時点で得！

個人型確定拠出年金の掛金は
すべて非課税

自分の老後に備えれば
所得税／住民税が軽減

運用時点で得！

確定拠出年金内で得られた利
息、売却益、収益分配金等は
すべて非課税

自分の老後に備えた
運用は非課税で
手取り増

受け取り時点で得

一時金でもらえば退職金扱いの
税制優遇が適用、年金でもらえ
れば公的年金扱いで優遇税制

受け取り時に
課税も、税額が
軽微か無税に

わかりにくい「拠出限度額」のルール

iDeCoをわかりにくくしている一番の要因に**「拠出限度額」**の考え方があります。これは働き方によって積立上限が異なるというものです。2024年以降のNISAが一律でシンプルな設定であるのと大きく違います。

限度額が複雑な理由は、iDeCoが**「公的年金制度の上乗せ」**という発想からスタートした制度であるためです。公的年金の充実度合い、またすでに公的年金の上乗せと位置づけられていた企業年金制度の有無などを踏まえた「拠出限度額」の考え方があり、それぞれ限度額が異なるのです。

詳しくは図11を見ていただきたいのですが、自営業者のiDeCo掛金額は国民年金のみに入っている場合が月6・8万円まで、それ以外は月2・3万円以下という大きなくくりがまずあります。

図11　iDeCoの拠出限度額

iDeCoの拠出限度額

	会社員（企業型DCあり）	会社員（DCと企業年金あり）	会社員（確定給付型の企業年金あり）	会社員（企業年金等なし）	公務員	自営業者等（第1号被保険者）	専業主婦（第3号被保険者）
現在（〜2024年11月）	月額2.0万円（年24.0万円）※1 ※2	月額1.2万円（年14.4万円）※2 ※3	月額1.2万円（年14.4万円）	月額2.3万円（年27.6万円）	月額1.2万円（年14.4万円）	月額6.8万円（年81.6万円）※4	月額2.3万円（年27.6万円）

※1 企業型確定拠出年金の掛金＋iDeCo掛金の合計で超えないこと

※2 企業型の確定拠出年金でマッチング拠出をしている場合はiDeCo加入不可

※3 企業型確定拠出年金の掛金＋iDeCo掛金の合計で月2.75万円を超えないこと

※4 付加年金保険料、国民年金基金連合会掛金と合計で超えないこと

20～60歳までの自営業者、学生、無職の人等が月6・8万円に該当しますが、厚生年金に加入していないということは、老後の準備が手薄になっているということでもあるので（国民年金のみだと年80万円に満たないが、標準的な厚生年金加入者は年200万円程度が期待できる）、自助努力によりその差を埋められるよう、iDeCoの枠を大きく設定しているわけです。

ただし、自営業者が老後に備える同種の制度として国民年金基金という制度があり、これとiDeCoは仕組みが重複するため**「同時加入してもいいが、合計で月6・8万円まで」**ということになります。

同様に国民年金制度には付加保険料という制度があり、月400円の上乗せで国民年金の額を増やせるのですが、これとiDeCoも**「合わせて月6・8万円」**となります（iDeCo掛金は1000円単位で指定するので、事務処理上iDeCoの上限は6万7600円ではなく6万7000円になってしまいます）。

一方で、自営業者や中小企業経営者が加入することのできる小規模企業共済（最大で月7万円拠出可能で全額所得控除対象）とiDeCoはバッティングしませんので、ダブル利用することもできます。

また、国民年金保険料の免除を受けている場合は、iDeCoへの拠出はできません。これも公的年金の上乗せである以上、そもそもの年金制度の負担をしていない場合にiDeCoだけ加入することは認められないという考え方によるものです。

専業主婦（主夫）の掛金額

会社員や公務員は厚生年金保険料を納めていますが、こうした人の配偶者が扶養されている状態（いわゆる専業主婦や主夫）であった場合、自らの所得がないため、国民年金保険料を納めなくても国民年金に加入していたものとみなされます。

これを**第3号被保険者制度**といいます。働き手と子育てや家事担当が男女ではっきり別れていた時代の名残です。

今では専業主婦の立場でもパートやアルバイトで働く人が増えていますが、労働時間や年収の関係で自ら年金保険料を納めない立場にある人も第3号被保険者に含まれます。

国民年金の第3号被保険者である場合、iDeCoに加入して月2・3万円までの

積立を行うことが可能です。ｉＤｅＣｏは原則として現役世代のすべてが加入できるようにするという考え方に立っていることと、国民年金制度しか老後の支えがないからです。

といっても、所得税や住民税を自ら納めていないわけですから、ｉＤｅＣｏに掛金を積み立てた際に得られる所得控除の税制メリットは受けられないことになります。後で説明しますがｉＤｅＣｏには口座管理手数料が生じるため、運用でしっかり増やしていかないと実質マイナスになるケースもありえます。

ｉＤｅＣｏを活用するのであれば、未来のキャリア変更（**正社員を目指す等**）**も視野に入れて長期的な展望で運用したいところです。**

会社員の掛金額（企業年金なしの場合）

会社員、つまり厚生年金保険料を納めて厚生年金加入者となっている人（正社員および正社員なみに働いているパート等）は、ｉＤｅＣｏに加入することができ、月２・３万円まで積み立てることができます。

ただし、会社が企業年金制度を持っている場合、限度額の制限が生じます。詳しくはすぐ後で説明しますが、「確定給付企業年金」「企業型の確定拠出年金」「厚生年金基金」がこれに該当します。自分の会社に何かしらの制度があるという場合は次の項目「企業年金ありの場合」を見てください。

企業年金制度の有無は社内情報で確認することができるはずです。給与明細に掛金額が示されている場合もあり、そこで確認することもできます。

単純に退職金制度があるだけ、あるいは中小企業退職金共済制度を用いて会社が退職金の積立を行っている場合は月2・3万円のままになります。

ここがちょっとややこしいポイントです。会社の退職金制度が「企業年金制度を活用しているかどうか」は社員にとってはあまり関係がありません。もらえるお金がもらえればいいからです。しかし、制度として考えたときは税制優遇を用いているかどうかの差が大きく、それがiDeCoの掛金額に反映されています。

ちなみに中小企業退職金共済は退職金の外部積立をしており、分割払いをしてもらえば年金的性格も持つ制度なのですが、今のところは「企業年金ではない」と区分されています。まあ、中小企業の社員にとってはiDeCoの掛金が多く積み立てられるのでこのままでいてほしいところです。

会社員の掛金額（企業年金ありの場合）

最後は「iDeCo掛金が月2・3万円未満」となるグループです。

まず、会社員で**「企業年金がある場合」**です。

この場合、月2・3万円より拠出限度額がダウンしてしまいます。

これは「企業年金制度によって一定額の税制優遇を使っている」と見なされているからです。

企業年金制度（確定給付企業年金・企業型の確定拠出年金・厚生年金基金）は、社員の退職後に受け取る資産を企業の外部に積み立て、運用・管理しています。このとき「積み立てた掛金は非課税」「運用益は非課税」という仕組みになっており、iDeCoと同種類の税制優遇がすでに使われているといえます。その分を考慮し、拠出限度額を少し減らしたのが、限度額月1・2万円ということになります。

減らされ方は制度の種類によって異なります。

①企業型の確定拠出年金のみがある……月2万円まで（会社の掛金と合わせて月5・5万円まで）

②確定給付企業年金もしくは厚生年金基金がある（さらに企業型確定拠出年金がある場合も含む）**……月1・2万円**（会社の確定拠出年金の掛金と合わせて月2・75万円まで）

企業型確定拠出年金があるだけなら、限度額はあまり低くなりません。しかし確定給付企業年金等があれば、限度額は月2・3万円と比べてほぼ半減になってしまいます。これも確定給付企業年金と確定拠出年金の2つの制度で税制優遇を使っていると判断されたためです。

また、会社の企業型確定拠出年金の掛金額が多い場合、iDeCoの掛金額にはさらなる制約が課せられることに注意が必要です。前述の「会社の掛金と合わせて……」のくだりがそれです。

（企業型確定拠出年金の掛金）＋（iDeCoの掛金）

こちらの合計が月5・5万円（ないし月2・75万円）を超えてしまう場合、iDeCoの掛金枠のほうが縮小して調整されます。要するに企業年金の枠が優先ということです。

会社の確定拠出年金が月5・5万円を出してくれている場合は、iDeCoには一円も入金できません（実際にはiDeCoの最低掛金額が月5000円なので、会社掛金が月5・0万円を超えた段階でiDeCoに入金はできなくなります）。

そうなると「私はiDeCoに入金できるのか？」「いくら入金できるのか？」の情報開示が必要になります。

iDeCoにいくら入金可能かは、会社の企業型確定拠出年金のほうが社員に示すこととなっており、ウェブサイトなどで確認することができるようになっています。多くは会社の企業型確定拠出年金を引き受けている金融機関（運営管理機関）のサイトで表示されています。

なお、「月1・2万円未満」の掛金額については、2024年12月からの法律改正で見直しがあるので後述します。

公務員の掛金額

公務員もiDeCoに加入することができます。

この場合の上限は**月1・2万円**です。公務員は退職金制度と企業年金に相当する制度（年金払い退職給付）があるため、会社員でいえば「企業年金あり」の人たちに準じます。

公務員がiDeCoに加入できることをズルいと批判する人がいますが、公務員の退職金水準は官民格差是正の観点から過去に引き下げられており、同じタイミングでiDeCo加入が規制緩和された流れがあります。

言ってみれば**「退職金を下げたので、iDeCoを使ってその分は自分で確保しなさい」**というわけです。公務員のiDeCo加入率は他の職業と比べて高いのですが、これはそうした危機感を反映したものといえます。

会社が確定拠出年金制度を持っている場合の注意点（マッチング拠出）

ところで、会社が企業型の確定拠出年金を実施している場合、これはｉＤｅＣｏと同等の仕組みを会社側で行っているといえます。

ここで基本となっているのは**退職金制度**です。ｉＤｅＣｏは自分が自分の出せる範囲で積立額を決定し、自分の銀行口座から拠出（ねんしゅつ）しますが、企業型確定拠出年金のほうは会社がお金を出すのが前提です。

ところが、企業型の確定拠出年金制度に自分のお金を任意で上乗せ拠出できることがあります。これをマッチング拠出（加入者拠出掛金）制度といいます。

まず会社側がマッチング拠出できるようにするかは任意です。約４割の会社（規約）で実施されています。制度がある場合、社員がマッチング拠出を利用するかしないかは自由で、いくら追加負担をするかも自分で決めます。

iDeCoとマッチング拠出は好きな方を選んで利用できます。**iDeCoに出すのと、マッチング拠出に出すのとでは税制優遇は基本的に同じです**。掛金についてはは所得控除の税制優遇があり、運用益は非課税、受取時に精算課税が行われます。

では、何が違うのかというと、大きく3つの点で違いが出ます。

マッチング拠出とiDeCoの3つの違い

第1に、**「口座管理手数料の有無」**です。

iDeCoは口座管理手数料がかかるのですが、企業型の確定拠出年金の口座管理費用は会社が負担済みなので基本的に**口座管理手数料ゼロ**になります。

この点では「マッチング拠出」のほうが有利ということになります。

第2に、**「運用商品ラインナップの違い」**です。

企業型の確定拠出年金制度はすでに会社側が商品選定済みで自由な変更の余地はありません。iDeCoは自分が好みの運用商品ラインナップを提示した金融機関（運営管理機関）を選ぶ自由があります。

会社の制度で商品群に不満がなければマッチング拠出でもいいことになりますが、しばしばｉＤｅＣｏより割高の投資信託が並んでいることがあり、口座管理手数料のデメリットを受け入れてでもｉＤｅＣｏを選んだほうが得という可能性もあります。

基本的には「ｉＤｅＣｏ」が有利です。

第3は、**「拠出限度額」**です。これは図12を見ていただかないと分かりにくいと思いますが、ｉＤｅＣｏとマッチング拠出は「会社の掛金額次第」で拠出可能な金額が変化します（以下、限度額が月５・５万円のケースで説明します）。

会社の掛金額が月０〜２万円まで→ｉＤｅＣｏが有利

マッチング拠出は会社の制度の上乗せなので「会社の掛金以下」が本人拠出分でなければならないという規制があります。ｉＤｅＣｏの場合、誰でも月２・０万円の上限で設定されているので、ｉＤｅＣｏのほうが多く積立できる分、有利となります。

会社の掛金が月2～3・5万円まで
↓マッチング拠出が有利

会社の掛金が2万円を超えたところから、マッチング拠出は本人も2万円以上出せるようになります。iDeCoは月2万円の上限は変わりません。つまりマッチング拠出のほうが多く出せることになります。例えば会社が2・75万円の場合、本人も2・75万円まで出すことができます（ここが上限）。

会社の掛金が月3・5～5万円まで
↓どちらも同じ

マッチング拠出の掛金額とiDeCoの掛金額の上限はこの範囲では一致します。というのは「(上限額月5・5万円) ―（会社の掛金額）」が共通の拠出上限額になるからです。どちらの場合も2万円より少なくなります。会社がたくさんお金を出してくれるから老後には一定のメドが立っており、税制優遇も使い切ったと言われればその通りなのですが、「もっと積み立てたい」という人には物足りないのがこの範囲に該当する人たちです。

会社の掛金が月5～5・5万円→マッチング拠出が有利

法律上はどちらも拠出できるはずなのですが、iDeCoは実務上、最低掛金額が5000円という制限があります。そのためiDeCoは拠出ができなくなります。マッチング拠出のほうも実務上の制限がある場合がありますが、多くは1000円単位のような刻み方をしているので、ギリギリまでマッチング拠出のほうがお金を拠出できることになります。

なお、確定給付企業年金と企業型確定拠出年金を会社が実施していた場合、企業型確定拠出年金の拠出上限は月2・75万円に一律に抑えられています。そのため、iDeCoの上限も抑えられます。

……しかし複雑です。ぶっちゃけた話、「私は要するに、いくらiDeCoに積み立てていいのよ！」と思いますよね。

図12　マッチング拠出とiDeCoのどちらが有利か？

マッチング拠出かiDeCoか

	iDeCo	マッチング拠出
拠出可能額	事業主掛金が少ないと有利	事業主掛金が中程度で有利
口座管理費用	かかる	多くはかからない
運用商品	商品リストから選べる	商品リストを選べない
口座管理	2口座に分かれる	1口座で管理

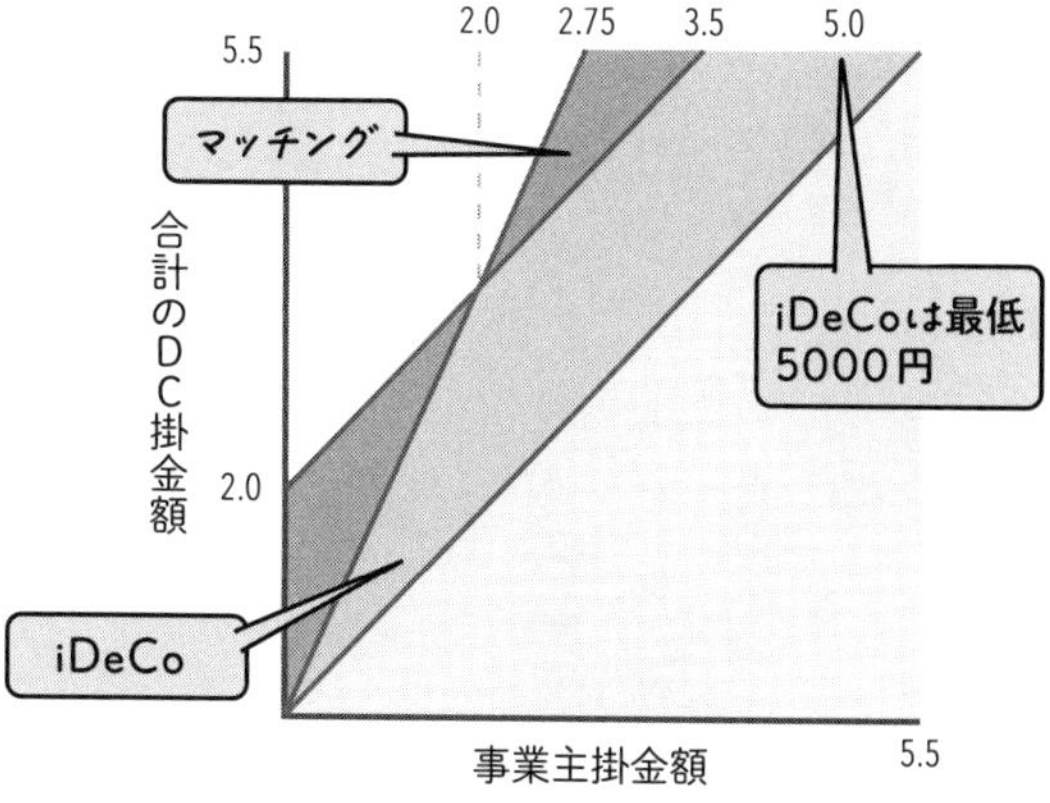

2.0　2.75　3.5　5.0
5.5
マッチング
合計のDC掛金額
iDeCoは最低5000円
2.0
iDeCo
事業主掛金額
5.5

※DBのない限度額月5.5万円の例

このようにルールが複雑なのがｉＤｅＣｏのウイークポイントです。

すでに説明していますが、掛金を出す優先順位は会社側にあります。これはもともとが企業型確定拠出年金を作るために法律が作られ、個人型のｉＤｅＣｏのほうはそれを補完するような位置づけにあった名残です。

「私は２万円をｉＤｅＣｏに出し続けたいので、会社の掛金の超過分を現金でもらいたい」のような個人の希望は通らないので注意してください。

最後にもうひとつ。３つ目の違いを書き忘れていました。それは**「資産管理の手間」**です。気にしない人は複数の口座があっても困らないでしょうが、いくつも口座があって運用状況のチェックなどが負担だと感じられる場合は、１口座にまとめておいたほうがいいでしょう。つまり、マッチング拠出の方が有利です。

ただ、これは好みの問題でもあるので、お金の有利不利に直接影響する「商品性」「口座管理費用の負担」のほうに注目するほうがいいでしょう。

限度額管理のルールは2024年12月からこう変わる！

限度額管理のルールが2024年12月よりさらに複雑になります。

ここで変化するのは**「会社に確定拠出年金や確定給付企業年金がある場合」**です。

まず、今までは「月1・2万円まで」「月2万円まで」と2種類の線を引いていたのですが、**「月2万円まで」**に統一されます。

これにより、「確定給付企業年金と企業型の確定拠出年金がある会社員」と「公務員」はiDeCoの枠が増額することになります。

月8000円というと、たいしたことがないように思えますが、年間約10万円と考えれば老後に数百万円の違いをもたらす差です。該当する人は増額を検討しておきたいところです。

ただし、確定拠出年金や企業年金の「非課税総枠は月5・5万円」という計算方法が導入されるため、会社の企業年金がとても充実している場合、iDeCoに制約がかかることになります。計算式で示すと次のような形です。

（上限月5・5万円）－（企業型確定拠出年金の掛金額＋他制度掛金相当額）＝（iDeCoの拠出上限）※もちろん2・0万円まで

この**「他制度掛金相当額」**というのがちょっと厄介者です。確定給付企業年金などの掛金のことです。「じゃあ、私の確定給付企業年金の掛金額をここに入れて計算するのか」というと、そうではないのです。

現在のシステム上、個々人の掛金額は反映できないため、「会社単位」「制度単位」で決める仕組みです。これはすでに確定給付企業年金側は会社や加入者（社員）に通知をしているはずです。少なくともどこかに掲示がされていると思うので、社内のイントラネットなどで検索をしてみてください。

図13　限度額管理のルールは2024年12月からこう変わる

2024年12月からこう変わる

2022年10月～

1.会社の制度はDCのみ

iDeCo 月2.0万円
企業型DC 月5.5万円
掛金額の合計
会社の掛金額

※DC：企業型の確定拠出年金

2.会社の制度はDCとDB

iDeCo 月1.2万円
企業型DC 月2.75万円
DB
掛金額の合計
会社の掛金額

3.会社の制度はDBのみ

iDeCo 月1.2万円
DB
掛金額の合計
会社の掛金額

※DB：確定給付型の企業年金

2024年12月～

iDeCo 月2.0万円
企業型DC＋DB 月5.5万円
掛金額の合計
会社の掛金額

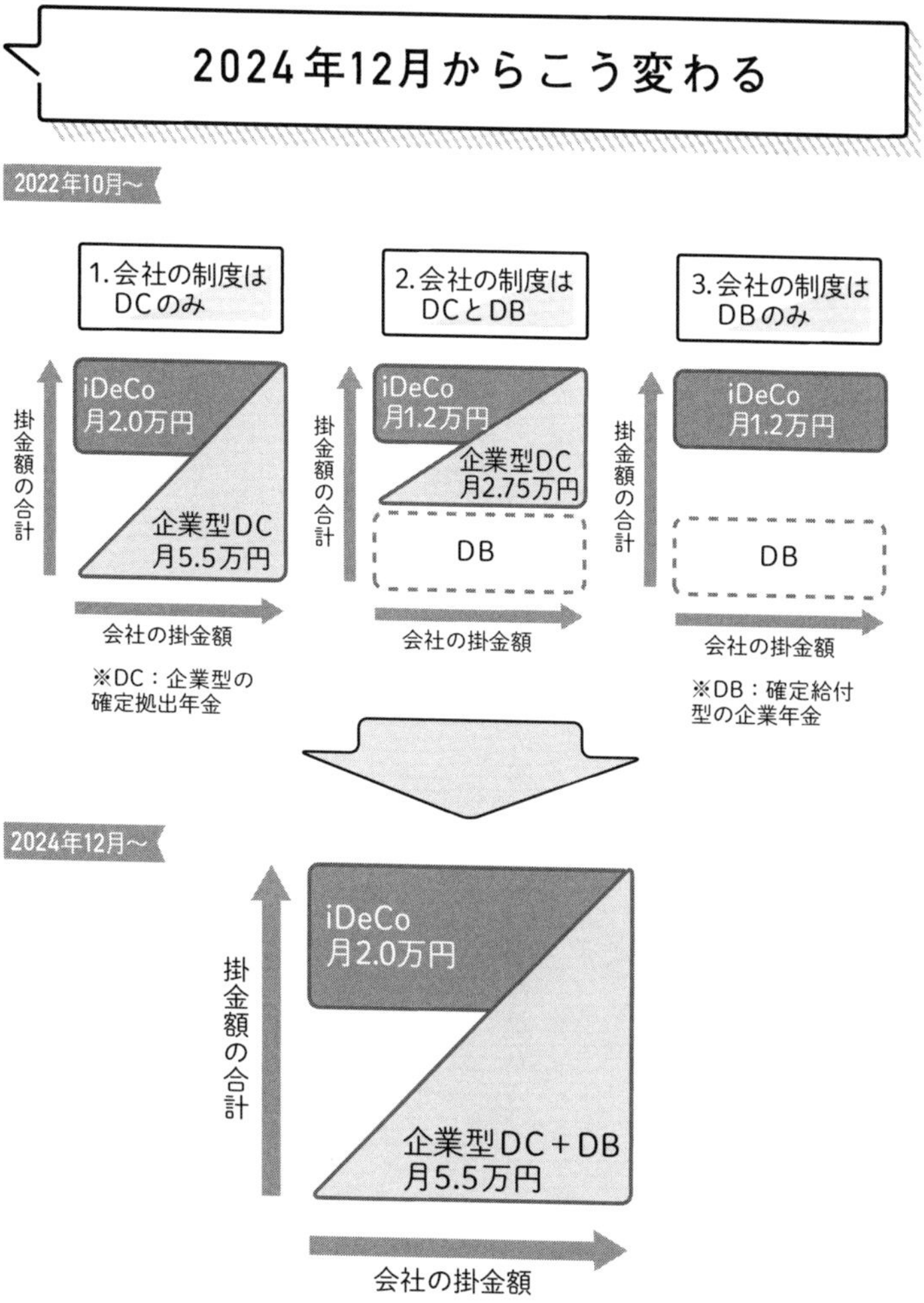

限度額より多い積立をするとどうなるか？

ちなみに、上限を無視してiDeCoで多く積み立てすぎてしまった場合は、どうなるのでしょうか。

昇格昇給に伴い、会社の企業型確定拠出年金の掛金が増額された場合、iDeCoの掛金上限がその分ダウンすることがあります。

しかし、iDeCoに月2万円を積み立てていて、今まで会社の掛金が月3・5万円でギリギリだったところ、昇格に伴い会社掛金が月4万円に増額されたとしたら、iDeCoの上限は月1・5万円に下がってしまいます。

このとき、限度額を超えていることは知りつつ、黙って引き落としをしていたとしても、システム上でバレます。

「他制度掛金相当額の情報」「企業型確定拠出年金の掛金額の情報」が、iDeCoの実施主体である国民年金基金連合会と共有されるネットワークシステムで管理されているためです。「どうせバレないだろう」というのは通らないわけです。

システムで月次でチェック、上限に達した場合は自動的に減額された掛金での引き落としが行われます（2022年10月から）。その後、減額されたことについて通知書が届くようになっています。

なお、会社の制度内で行っているマッチング拠出の場合、企業型確定拠出年金と個人の拠出は一体運営されていますので、自動的にマッチング拠出の掛金額は調整（減額）されます。こちらも基本的に手続きは不要です。

掛金額の増減や停止もできることを覚えておこう

最後に掛金の増減についてです。

ｉＤｅＣｏの掛金は、自分の財布から積み立てるわけですが、簡単に中途解約をすることはできません。また、最初は少なくスタートして徐々に増額するような人もいます。**手続きをすることで、ｉＤｅＣｏの掛金は増減あるいは停止をすることができます。**増減は１０００円単位、最低金額は月５０００円です。

中断についてはいつでも行えます。失職して大きく収入がダウンし、ｉＤｅＣｏの掛金を拠出している場合ではないというようなときには、慌てず書類を提出し、一時期はｉＤｅＣｏの掛金拠出を中断してください。

その後、再就職が決まって生活が落ち着いてきたら、忘れずに再開手続きをしておきましょう。

iDeCoは何歳から始めて何歳まで利用できるか？

iDeCoは公的年金制度の上乗せであり、老後への備えという考え方が根底にあります。そのため、利用できる年齢には一定の制約があります。

何歳から加入できるか？

まず、**公的年金に加入し、保険料を納めていること**が加入の条件となります。国民年金保険料を未納していたり、一部ないし全額を免除されている場合は、iDeCoに拠出ができません（まずは公的年金の保険料を納めましょう）。

年齢については、国民年金制度は20歳から加入となります。これに照らせば20歳以上60歳までが対象です。ただ、20歳未満であっても、会社員として働いている厚生年金被保険者の場合は、iDeCoに加入可能です（とはいえ、10代で無理にiDeCoに入るよりは家計の安定を確保するほうに注力したほうがいいかと思います）。

何歳まで加入できるか？

年齢の上限のほうはどうでしょうか。

基本的には**「65歳まで」**です。

こちらも公的年金の保険料を納めているかどうかが第一の条件です。厚生年金被保険者、つまり会社員として働き続けている場合は65歳まで加入できます。

自営業者や無職の方の場合は、国民年金保険料を納付している場合にのみ加入できます。本来、国民年金制度は20歳～60歳までしか加入できませんが、未納期間があった場合など（学生の2年間は未納だったなど）、60歳以降65歳までのあいだに追加の納付をして加入期間を増やし、年金額をアップさせることができます（任意加入被保険者という）。この場合はiDeCoにも掛金を拠出できます。

海外居住者も任意加入被保険者になることができ、国民年金保険料を納めていさえすれば、iDeCoに65歳まで入ることができます。

ただし、60歳以降も働いていれば必ずiDeCoに加入できるとは限りません。

会社員の場合、60歳以降の働き方、会社との契約により、年金制度の加入が異なってくるからです。勤務時間が短い継続雇用などは厚生年金適用外とすることもあります。60歳以降も厚生年金の適用対象となるかは、会社の人事部とよく確認をしてください。

配偶者が会社員や公務員であって、専業主婦（主夫）である人（国民年金の第三号被保険者）は、60歳になるまで国民年金保険料は負担ゼロで加入していたことになっており、iDeCoには月2・3万円まで加入することができました。

しかし、国民年金の第3号被保険者は60歳までとなっており、60歳以降は保険料負担もなければiDeCoに加入もできなくなります。こちらも未納期間を穴埋めするため国民年金保険料を納めるのであれば（任意加入被保険者）、iDeCoにも加入して積立をすることができます。

60歳以降のiDeCo加入の制限

ところで、60歳以降で新規にiDeCoに加入するとき、チェックポイントとして**「iDeCoの年金をすでにもらっていないこと」「公的年金を繰り上げでもらっていないこと」**が条件となります。

すでにiDeCoのお金をもらっておきながら、またゼロからiDeCoに入って積立をしようというのはさすがにおかしいというわけです。

また、公的年金を受け始めた場合、年金保険料を納める立場にはありませんので、これもまたiDeCoに加入し積立をすることができないことになります。

ちなみに企業型の確定拠出年金をもらってしまったことは、iDeCoの加入には影響しません。これはちょっと不思議なルールですが「会社の制度としての退職金だったから、これをもらった後で自助努力でiDeCoに入るのはセーフ」という仕切りになっているようです。

70歳まで拠出できるような改正が予定されている

ところで、2022年12月に示された令和5年度税制改正大綱では、**iDeCoの拠出を70歳まで拡大すること**を認める方向が示されています。2023年6月に公表された骨太の方針にも同様に記載があります。

新しいNISAのように即座に改革実現とはいかなかったものの、岸田内閣の資産所得倍増プランでも視野に入っている内容であり、ここ数年のうちに法律改正の準備が進むものと思われます。こちらも期待したいところです。

掛金の入金と買付はいつになるか？

普通、投資と言えば自分が入金したタイミングで、投資したい金額を入金、購入するイメージがあります。

iDeCoは定額の積立投資の仕組みであるため、あらかじめ**「毎月いくら入金するか」**を決めておき、指定日に引き落とされます。

掛金の引き落としは毎月26日

個人の銀行口座からのiDeCo掛金の引き落とし日は26日となっています。会社の給与から天引きし、会社が代わりに国民年金基金連合会に納付する仕組みの場合は、給与振込日に引き落とされたことになります（事業主が納付するのは26日）。

掛金の入金については、「ワンチャン」となっています。**一度限りの引き落とし日に掛金の引き落としを失敗すると、二度目の引き落としをしてくれることはありませんので注意が必要です。**

iDeCoの税制優遇は拠出をしない限り得られませんが、基本的にはそのチャンスは毎月期限がきて失われていきます。単純に積み上がる資産が減るだけでなく、税制優遇も逸することになるので、iDeCoの引き落としミスは避けたいところです。

ヒントとしては「定期預金」を同じ銀行で5万円でもいいので設定しておくことをオススメします。多くの銀行は「当座貸越」といって普通預金の残高が不足してしまった場合に、定期預金の残高を担保として引き落としに応じ、一時的にマイナスの残高にしてくれるサービスを提供しています。

例えば普通預金の残高が3000円しかないのに、iDeCoの引き落としが1万2000円だったとき、通帳には「マイナス9000円」となって、iDeCoの引き落としが成立します。

もちろん金利が発生しますが、もともとは自分のお金を使っていますので、金利は低く設定されています。これで引き落としミスがなくなります。

また、iDeCo口座手続きが完了した初回については事務処理の関係で、2カ月分が引き落とされるので、こちらも銀行の残高不足がないよう注意しておきましょう。

買付はずいぶん後になるが気にしなくてもいい

26日に引き落とされた掛金が、実際に投資信託等の買付に回るのはもう少し先になります。大手ネット証券の場合で12〜14営業日後となっており、半月後くらいに実際の購入に至る……という感覚です。

積立投資の運用テクニックのところでも解説をしますが、**タイミングを狙うような売買はiDeCoには適していません**。事務処理が仮に5日早くなったとしても「安い日に買える可能性と高い日に買ってしまう可能性」はほとんど変わらないでしょう。

長期積立分散投資においては、定期的に積立購入されることがもっとも重要です。10年あるいは30年といった未来にいくら増えているかという取り組みをしている場合、数日の違いはあまり重要ではありません。ここは気にしなくて大丈夫です。

iDeCo運用の実際

iDeCoの資産運用は**「毎月の掛金での買付」**と**「すでに保有している資産の売買」**の2種類のアプローチで考えていきます。

まず、毎月新たに入金される掛金について、どのような商品にいくらずつ振り分けていくのかを決定します。当然ですが「購入」の指図のみを行うものです。iDeCoではこうした注文のことを**「配分指定」「運用割合変更」**という言葉を使うことが多いようです。もうひとつの運用方法は、すでに積み上がっている資産全体の保有割合を見直す売買です。運営管理機関のホームページでは**「スイッチング」**という言葉を使うことがよくあります。

この2つは運用の注文方法としてはまったく異なります。

それぞれの意味合いを理解したうえで、運用の注文をしていきましょう。

図14　iDeCoの運用注文は2種類ある

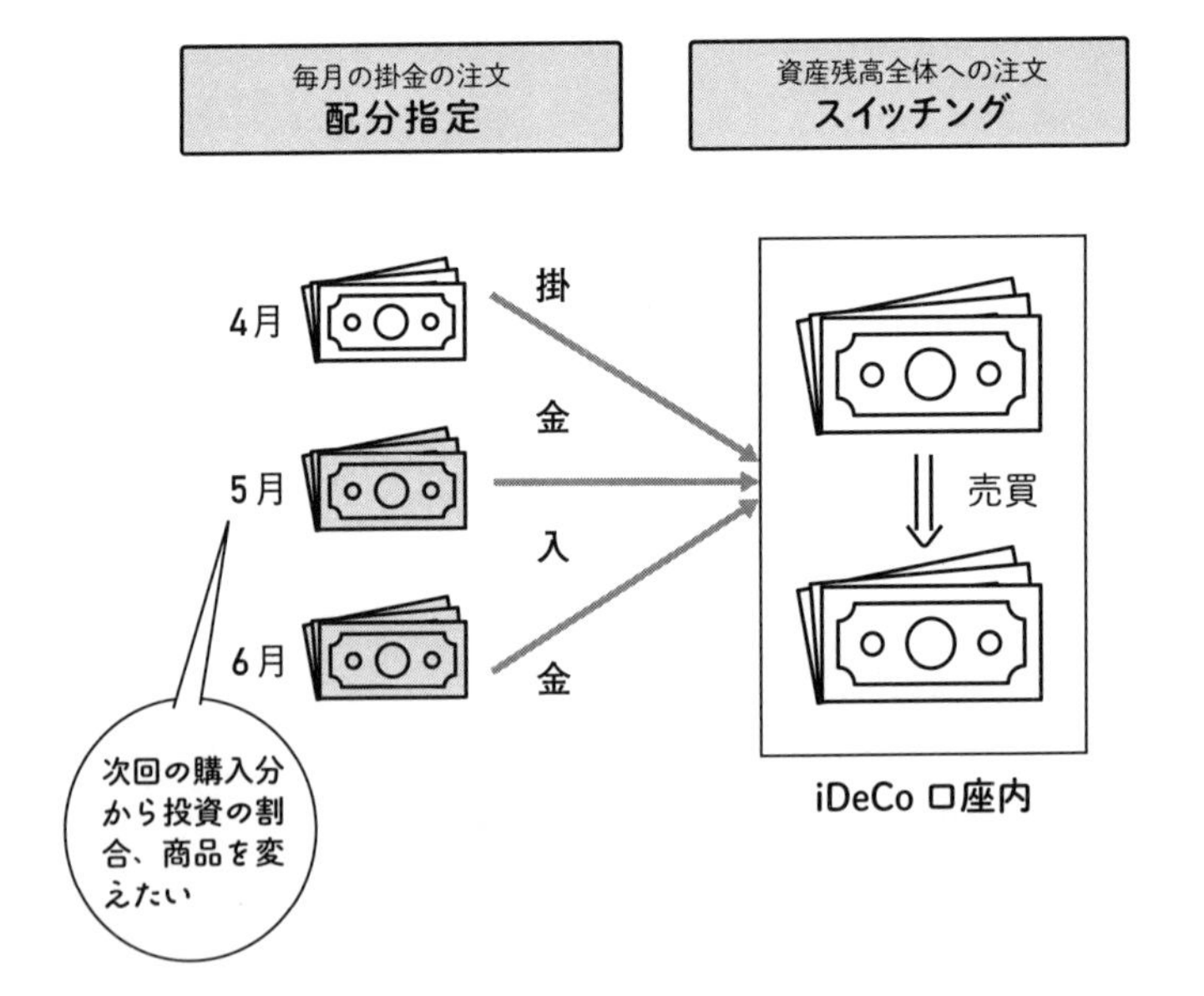

毎月の掛金の運用指図

毎月の掛金で購入する商品の運用指図について、前回と異なる商品の購入をしたい場合、**「掛金の配分指定」**を行います。

掛金の配分指定については、基本的に割合で指定します。そのほうが掛金額が変更になった場合にも手続きをせずにすみ、有利だからです。

毎月定期的に入金する掛金について、例えば「A投資信託を25％、B投資信託を40％、C銀行定期預金を35％」のように指定しておいた場合、掛金が月1万円だった場合は2500円、4000円、3500円ずつそれぞれの金融商品を購入することになります（ここでは例を分かりやすくするため口座管理手数料を含めていません）。

将来、掛金額を月1万5000円にアップしたり、事情があって月5000円にダウンした場合も、割合指定があることで購入金額は自動的に調整されるわけです。

掛金の配分指定を変更するということは、今までの毎月の購入割合について見直しを行うということです。例えば「あまりリスクを取らずに運用をスタートしたが、もう少し投資信託の購入割合を多くしてもいいと思った」のような場合がこれにあたります。

しかし「変化の兆し」は小さくなります。すでに100万円積み上がっていて、毎月1万2000円を積み立てている人がいて、「投資信託3：定期預金7」の割合でここまでやってきたとしたら、「投資信託30万円＋定期預金70万円（話がややこしくなるので運用益ゼロとして説明）」となっています。

来月以降の掛金だけ「投資信託8：定期預金2」に変更したところで、来月以降の月1万2000円の分だけが多めに投資信託を買うように変更され、すでにある定期預金70万円は動かないことになります。

10年以上の視野で考えれば、掛金の資産配分は重要ですが、大きく資産構成割合を変更したい場合は、次の**「スイッチング」**も併用していくことが必要です。

売買をセットで行うスイッチング

もうひとつの運用方法は、**すでに積み上がっている資産全体の保有割合を見直す売**

買で、多くの運営管理機関ではこれを**「スイッチング」**という言葉で説明しています。

こちらは必ず、「売る」商品と「買う」商品を指定する必要があるところに特長があります。

iDeCoの場合は売却したお金を現金で受け取ることができませんから、売買の金額も一致する必要があります。といっても「売る」ほうが確定すれば、その金額分を自動的に「買う」形で調整されますので難しく考える必要はありません。定期預金等は1円単位で預かりますし、投資信託も1円単位で売買できるように調整されています。

ウェブの指定画面に移動し、売却したい商品を選択、金額や口数を指定します。その後、購入したい商品を選択します。複数の商品を同時に売却・購入したい場合は、それぞれの金額や購入割合などを指定します。

こちらも手続き完了までには数日かかりますので、短期的な値動きを見ての売買ではなく、中長期的な視点でスイッチングしてください。

ｉＤｅＣｏ口座には手数料がかかる

ｉＤｅＣｏには他の金融サービスと異なる特色がひとつあります。

それは**「口座管理手数料」**の概念があることです。

銀行預金口座や証券口座は口座管理手数料を取りません。新規開設口座について一部の銀行が紙の通帳を更新するときに手数料を取ったり、ＡＴＭの時間外手数料や振込手数料を取ることはあっても、無条件で毎月一定額を引くことはありません。

ＮＩＳＡも基本的には口座管理手数料を取ることがありません。ｉＤｅＣｏは、個人の資産について国はまったく手を出さない代わりに、口座管理手数料を徴収することができ、また金融機関ごとに上乗せで手数料を徴収することもできるようになっています。

金融機関によっては上乗せの手数料を取らないところもあり、**ｉＤｅＣｏ口座開設**

時の金融機関選びにおいて、手数料は重要なポイントとなります。

毎月171円、年2052円はかかる口座管理手数料

iDeCoに掛金を毎月拠出する場合、**毎月171円の負担**は確定しています。掛金の拠出を行わず運用だけ行う場合でも月66円が口座から引かれることになります。月171円ということは**年間2052円**は手数料が引かれるということで、振込手数料の自己負担をしているようなものです。

気になるのは運営管理機関の手数料の項目で「0～」となっています。この項目は金融機関各社が独自に定めてよいこととなっており、積極的に口座獲得の取り組みを進めているところは「ゼロ円」とする一方、採算性を重視し実費徴収を優先しているところは数百円を上乗せしているなど、各社の思惑の明暗が分かれています。

運営管理機関の選び方の項目で比較の視点を示しますが、どうしてもかかる「年2052円」以上を負担するかどうかは、口座選びの大きな問題といえます。

図15　iDeCoの口座管理手数料

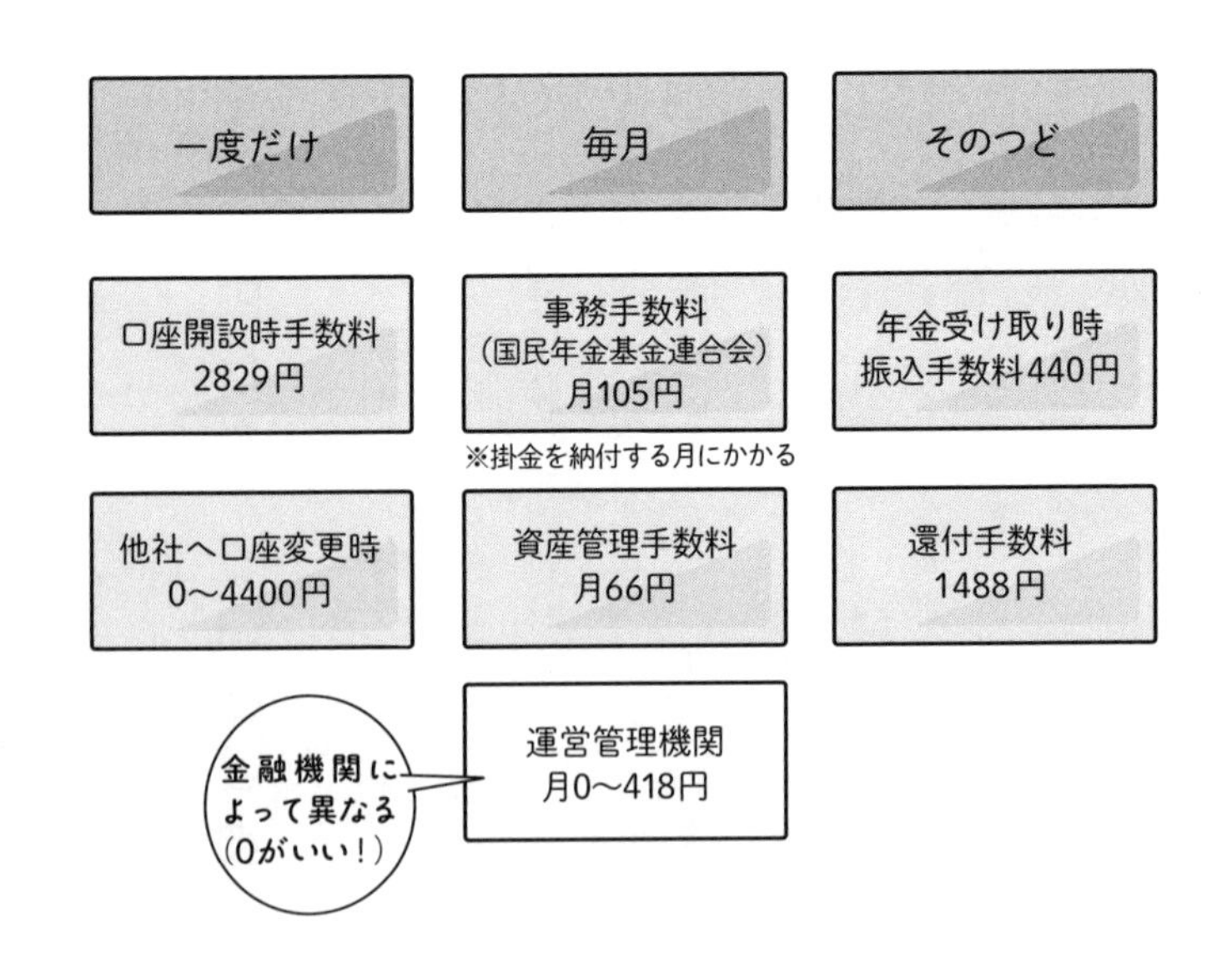

ただし、口座管理手数料を「率」で徴収しているわけではないので、残高が10万円でも100万円でも1000万円超でも手数料は同額になります。

口座管理手数料より所得控除の税制メリットのほうが上回る

iDeCoは、手数料がかかるから「実質マイナス」ではありません。掛金の所得控除という税制優遇のメリットが生じるため、「(非課税で得した分)－(口座管理手数料で引かれた分)」は基本的にプラスになります。

仮に年14・4万円の積立をした場合であって、税率が20%相当だったとすれば、年2・88万円の節税が実現しています。年間2052円以上のお得さがあります。

もし、所得税や住民税を引かれていたらもっとたくさんマイナスが生じていたところを、年2052円ですんでいると考えてみるわけです。

年27・6万円の拠出をすればトータルでの税制メリットはさらに増えます。同様に20%の税率相当と考えれば年5・52万円の節税が実現しているわけですから、こちらも年2052円以上に得といえます。

どうしても、口座管理手数料ははっきり見えてしまうので（手数料を引いた差分がiDeCoの積立額となる）、マイナスの印象は強くなります。ところが、税制優遇のほうははっきりと見えません。所得税の節税分が年末調整時に還付金が一部可視化されますが、住民税の軽減分は翌年の課税額を最初から低くするので実感できないのです。

「iDeCoは手数料より税制メリットのほうが上回っている」

迷ったらこれだけは覚えておいてください。

iDeCoの受け取り方

iDeCoは老後の受取が想定されています。このとき「受け取り方法」「受け取り始める年齢」を選ぶことが可能である点がiDeCoの特長です。

まず**「年金で受け取る」**か**「一時金で受け取るか」**あるいは**「両者を組み合わせるか」**を選択することができます。

「年金」として受け取るケース

まず年金受け取りですが、これは資産を分割払いして年金としてもらうパターンです。**「5～20年の有期年金」**とするか**「終身年金（保険会社が設定している場合）」**の受け取りができます。

5〜20年と選択の幅が広いので、「65歳から10年もらって元気なうちにアクティブに使う」とか「60歳から20年に分けて、おこづかい感覚で使う」のような設定が個人の希望で幅広く設定できます。

運営管理機関のシステムによりますが、受取回数を「年1〜12回」で選べることもあります。年1〜2回振込でボーナスのようにiDeCoを取り崩したり、年6回ないし12回振込で公的年金や給与のイメージでiDeCoを受け取ることもできます。

ただし、年金受取をした場合、公的年金と合算して納税額を計算すること（公的年金等控除の対象にはなる）、振込手数料を運営管理機関が徴収する例が多いのが難点です。「年2回振込、5年にして旅行資金に使う」のような形にすれば振込手数料は10回ですみますが、「年6回、20年で受取」のようにすると120回も振込手数料を払うことになるのであまりおすすめできません。

年金受取を選択した場合、「公的年金額＋iDeCoの年金受取額」に対して公的年金等控除という非課税枠が一定程度設けられていますが、これを超えて課税されることがほとんどです。とはいえ、現役時代の所得税や住民税の税率よりは低いことにはなりますので仮に課税されても、積立段階で課税されていた場合よりは得になるはずです（公的年金収入のみであれば現役時代の年収を大きく下回るため）。

「一時金」として受け取るケース

一時金受取はというと、文字通り一時金としてまとめて現金を振り込んでもらう仕組みです。そのため、ｉＤｅＣｏの口座からの出金が行われるときは投資信託はすべて売却しなければなりません。「投資信託の持ち分をそのまま証券口座に移してほしい」というようなリクエストがあっても対応できません。

もちろん、受取段階で売却した場合は、そこまでの利益はすべて非課税となり全額を老後資金として受け取ることができます。

こちらは**退職所得控除**の対象となります。手続きをする際に「退職所得の受給に関する申告書」を出して課税処理をしてもらいます。未提出の場合は20・42％の源泉徴収が自動的に行われ、確定申告で精算をすることになります。

退職所得控除は、会社の退職金、企業年金の一時金、中小企業退職金共済の給付、小規模企業共済の受け取りなども対象となります。こうした退職所得控除の対象となる給付が複数あった場合は、全体で退職所得控除の計算対象となり、基本的には先にもらった分から非課税枠を使っていき、後にもらう分が非課税枠を超えてしまった場合は課税されるイメージです。必要があれば翌年の確定申告で精算を行います。

年金と一時金を組み合わせすることも可能です。「300万円分は現金で受け取って、残りを年金払いとする」とか「半分を年金、半分を一時金で受け取る」のように組み合わせることで老後の選択肢が多様化します。

なお、運営管理機関のシステムにより選択肢の制限が生じることもありますので、各自確認をしてください（年金給付は5・10・15・20年の4種類から選択で7年などは選べないなど、一定の制限を設けていることがあります）。

iDeCoの受取開始年齢

iDeCoについては自由に受け取りできるわけではありません。年齢の制限が設けられており**「60歳以降75歳までのあいだ」**となっています。

これは、老後に用いる資産の形成であるから税制優遇をつけている、という考え方にもとづくもので、「年金」と名がついている法律としては避けようがない制限です。

とはいえ、どうせ老後のお金の準備はしなければなりませんので、**「このくらいの枠は現役時には解約しないお金として残しておこう」**と考えればいいと思います。

しばしば、iDeCoは60歳まで受け取れないから使い勝手が悪いと評されます。

ところが、現在はほとんどの人が65歳まで働くようになっています。男女全体での60歳代前半の就業率は71・5%、60歳代後半も50・3%となっています。

日本人の長生きは世界トップレベルですが、女性の96・2%が、男性でも93・3%

が60歳まで元気で生きている時代です。その後の平均余命は女性28年、男性21年もあります。長生きに備えて「老後に2000万円」と考えている時代に、60歳まで受け取れないことをデメリットとことさらに騒ぎ立てるのはあまり意味がないと思います。

受取開始年齢が「60~75歳」と幅があるのはiDeCoの使い勝手の良さです。60歳でさっさと受け取るのもよし、65歳でリタイアするのに合わせてもらうのもよし、うまく長く働けたなら人より遅くリタイアする70歳でもらってもいいのです。

さすがに75歳より遅く受け取ると「それ、自分の使うお金じゃなくて実質相続財産にするつもりじゃない?」と税当局に勘ぐられてしまうため、75歳が上限になります。

後半の章で少し触れたいと思っていますが、**「iDeCoを65~70歳まで受け取り、公的年金を70歳から42%増で一生もらい続ける」**のような、公的年金とのブリッジに使うこともできます。

単純に、60歳代前半、あるいは60歳代後半の賃金水準が下がった場合の穴埋めとして使うこともできるので、「60歳まで受けられない」iDeCoにも、受取時の使い勝手の良さがある、というわけです。

iDeCoを受け取る前に亡くなってしまった場合はどうなるか？

ところで、自分が受け取る前に亡くなってしまった場合、あるいは受給中に亡くなった場合、遺された資産はどうなるのでしょうか。

公的年金制度でしたら、そこまで払ってきた保険料は戻っては来ませんが、配偶者や子が遺された場合は遺族年金の給付を受けることがあります。

確定拠出年金は企業型でもiDeCoでも、私的な積立ですから、全額が遺族に支払われます。死亡一時金です。

まず、本人が受取人を指定することができます。配偶者、子、父母、孫、祖父母または兄弟姉妹の中から受取人を指定することができ、運営管理機関に手続きを行うことで、意思表示が成り立ちます。

特に指定がなかった場合は、遺族への支給順位は法律上で定められており、以下の順位で受取対象者が決まります。

①配偶者（死亡の当時、事実上婚姻関係と同様の事情にあった者を含む）
②子、父母、孫、祖父母および兄弟姉妹であって、死亡の当時、主としてその収入によって生計を維持していた者
③②の者のほか、死亡の当時、主としてその収入によって生計を維持していた親族
④子、父母、孫、祖父母および兄弟姉妹であって、②に該当しない者

同じ順位内で候補者が複数ある場合は、記述された順位が優先されます（例えば「子・父母……」とあるときどちらも存命であれば子に支給）。また、同一順位に2人以上候補者があれば、均等に支給されます（子が2人いた場合など）。

なお、死亡一時金はみなし相続財産として非課税枠が設けられています（3年以内に請求をした場合、法定相続人ひとりあたり500万円までは非課税）。

死亡一時金には年金給付の選択はありません。配偶者が年金受取の残りの期間をそのまま引き継いだり、新規に年金受取の設定をするようなことはできません。

ｉＤｅＣｏの運営管理機関の選び方

「よし、ｉＤｅＣｏを始めてみよう」と考えたとき、ｉＤｅＣｏのスタートはどうやればできるのでしょうか。まず、ｉＤｅＣｏはどこかの運営管理機関（金融機関）をひとつ選ぶ必要があります。

国の年金制度であっても、金融機関各社によって手数料体系、商品ラインナップに違いがあって、民間各社がサービスを競い合っています。

ざっと挙げてみると、大きく分けて次の３つです。

- **銀行**（都市銀行、地方銀行、信託銀行、信用金庫、ネットバンク、労働金庫、ゆうちょ銀行等）
- **保険会社**（生命保険会社、損害保険会社）
- **証券会社**（総合証券会社、ネット証券会社）

特に銀行系の取り扱い範囲の広いことが特長です。

しかし、iDeCoの金融機関別シェアでいえば、ネット証券の大手であるSBI証券と楽天証券が口座獲得数の半数を2社だけで占めていると言われています。2社は「単独での加入者数はわが社が1位です」「単年での新規加入者数はわが社が1位です」と激しくしのぎを削っており、実際にもiDeCo口座開設の有力な候補となります。

とはいえ、この2社だけに決める必要はありませんので、ここでは口座開設のための絞り込みのヒントをまとめてみたいと思います。

比較検討のポイントはたった2つ

運営管理機関を比較検討する際のポイントは大きく2つです。

①運営管理機関の手数料

②商品性（ラインナップと運用手数料）

これに次いで、運営管理機関のサービス（ウェブやアプリの使い勝手の良さなど）がありますが、現実問題としては最初の2項目で、iDeCoの口座を開く金融機関選びは決まるといっていいでしょう。

運営管理機関の手数料ゼロをまず選ぶ

国民年金基金連合会や信託銀行が徴収する口座管理手数料は避けようがありませんが、運営管理機関各社が追加設定する手数料についてはゼロ円から数百円まで幅がありました。**基本的には「運営管理機関が徴収する手数料」については無料のところを選ぶといいでしょう。**

運営管理機関の口座管理手数料がゼロ円としているところの多くはiDeCoのビジネスにも注力している傾向があります。オンライン証券、ネットバンクや新規参入組の銀行が中心となり、ここにメガバンク等が追随している格好です。

商品性（ラインナップと運用手数料）でiDeCoを選ぶ

商品性については、2つの視点が考えられます。**「好みの運用商品・投資対象がラインナップされている」「運用手数料が低廉な設定となっている」**という2点です。

好みの商品はリストアップされているか？

iDeCoでは、商品数があまりにも多すぎると、普通の加入者にとっては混乱を招くことから、**35本以内**という上限を設けています。

そうはいっても、自分がやりたい投資対象が商品としてカバーされていなければ意味がありません。例えば、次のようにイメージがはっきりしている場合は、運営管理機関選びの重要な要素になります。

「国内外の株式に一本で投資できる投資信託が欲しい」

「外国の株式については先進国だけでなく、新興国にも投資ができる投資信託が欲しい」

「不動産投資も分散対象として意識したいので、投資対象に加えているバランス型ファンドが欲しい」

各社のｉＤｅＣｏの説明ページには取り扱っている運用商品一覧のページが必ずありますので、商品ラインナップをチェックしてみてください。比較サイト（ｉＤｅＣｏナビなど）を利用する方法もあります。

運用商品の手数料は低廉か？

そしてもうひとつは、**運用手数料**です。

投資信託では運用管理費用（信託報酬）という名称で、運用にかかる手数料を取ります。これが割高であった場合に、運用成績も向上するか……というと正直あまり関係がないので、基本的には低コストのものを選ぶほうがいいでしょう。

ｉＤｅＣｏでは特に、インデックス運用（市場の平均と連動した成績を目指す）を行う投資信託を中心に運用を行うことが多いので、同様の運用を行うなら、低コストの商品を選んだほうがなおさらよいといえます（例えば、日本株でＴＯＰＩＸに連動する運用を行う投資信託を買う時、手数料が年０・２％のものと年０・７％のものでは、理屈としては毎年０・５％ずつ運用実績が乖離することになる）。

全部の商品で比較するのは大変なので、「バランス型ファンド（複数ある場合は株式投資比率が高いほうを見る）」か「日本株のインデックス・ファンド」で比較をしてみます。

つみたてＮＩＳＡのほうでは、国内株のインデックス・ファンドで年０・５％以下でなければ購入対象となりません。だとすれば、ｉＤｅＣｏでそれ以上のものを選ぶ理由はありません。つみたてＮＩＳＡの手数料競争はさらに低いところ、年０・３％を下回るところ（金融庁調べでは平均０・２５５％）にあり、主戦場はもはや年０・１％～０・２％のあいだです。

ｉＤｅＣｏも**「日本株インデックス・ファンドの運用管理費用年０・５％以下」**を

ひとつの目安としましょう。

同様にバランス型ファンドも手数料引き下げ競争が加速しています。かつては「複数の投資対象をまとめて1本で運用するのでその分の手数料を上乗せしておきますね」という感じでしたが、今では個別の投資対象で運用するのとそう変わらなくなっています。こちらも**年0・5％以下**を目標に比較してみるといいでしょう。

同じ金融機関が3本セットで株式投資比率が異なるバランス型ファンドを設定しているとき、3つの運用管理費用が異なることがあります（株式売買のほうがコストがかかるため）。後半の実戦編では株式投資比率が高いバランス型ファンドの活用を中心に検討しますので、比較するなら株式投資比率が高いほうのバランス型ファンドで見てください。

なお、投資信託の場合、購入時点でかかる販売手数料と売却時にかかる信託財産留保額という手数料もありますが、iDeCo向けの投資信託ではほとんどがゼロです（たまに、費用がかかるケースもあるので初回購入時に確認をしておきましょう）。

図16　iDeCoの運営管理機関の選び方

iDecoの運営管理機関の選び方

条件1:
運営管理機関の事務手数料はゼロ円

ここに該当する金融機関を選ぶ
オンライン証券やネットバンクなどが該当

条件2:
投資信託の運用手数料が年0.5%以下の商品がある（日本株ないしバランス型ファンド）

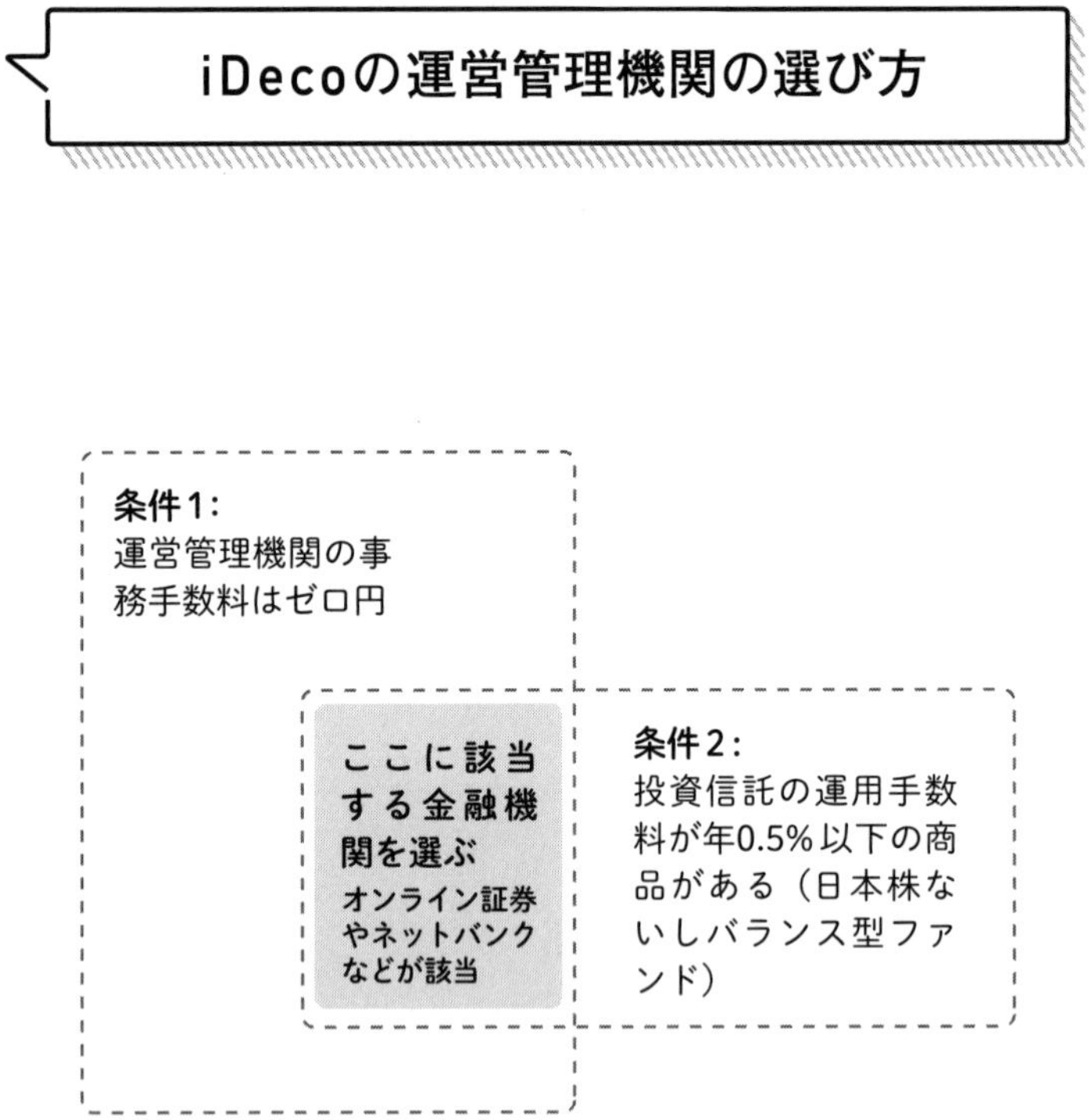

数社にしぼりこめれば、最終決断は資料取り寄せ後でもOK

2つの候補選びの条件を提示してみましたが、ほとんどの場合、「運営管理機関の手数料ゼロ」を満たす金融機関は「投資信託の手数料が低い」という要件を同時に満たしており、ここからの絞り込みがちょっと苦労するかもしれません。

この場合、最終候補を2~3社に絞ったら、ひとまず資料の取り寄せに進んでもかまいません。

NISAの場合、申し込みの手続きは口座開設の意思ありと同義です。マイナンバーを提出しなければならず、国税庁の確認まで進みます。同時に複数の金融機関と手続きをすることはできません。

一方、**iDeCoの場合は、運営管理機関の絞り込み後、「資料の取り寄せ」と**

「申込書の提出」というステップがありますので、複数の運営管理機関から資料を取り寄せてから最終決断をすることもできます。

iDeCoの場合は、投資教育やライフプランサポートの体制も運営管理機関には求められており、そうした側面でも運営管理機関選びをし、最終決定をしてみるといいでしょう。

先ほど比較検索サイトの存在を示しましたが、iDeCoナビのようなサイトを活用すると、手数料や商品ラインナップ、過去の運用成績などを比較しながら運営管理機関選びができます。悩んだら使ってみてください。

加入の手続き書類が多いのがiDeCoの面倒さ

さて加入申込書類はいささか複雑かつ面倒です。

ざっと次のような書類が必要になります。

・iDeCoの加入申出書

・事業主の証明書（会社員、公務員の場合）
・本人確認書類の写し（省略の場合も）

さらに書類を書くために必要となるのが、次の3つ。

・基礎年金番号（年金手帳か基礎年金番号通知書、ねんきん定期便に記載あり）
・掛金引き落としを行う銀行口座の番号
・銀行届出印（オンライン手続きの場合省略できることも）

加入申出書記入の注意点については、多くの運営管理機関が解説ページや解説動画を提供していますので確認をしてみてください。iDeCo公式サイトにも記載例や解説動画があります。

iDeCo加入申し込みのポイント

①基礎年金番号が必要……年金手帳が見当たらない場合は、毎年届く「ねんきん定期便」にも記載があります。それも見つからない場合、マイナンバーのポータルサイト、マイナポータルからねんきんネットへ連携し確認することも可能です。

②掛金額を決めておく……iDeCoの口座は開設が受理されると、すぐに積立をスタートすることになります。NISAが「残高ゼロでとりあえず口座だけ作っておく」ができるのと対照的です。申し込み時点で掛金額を指定する必要があります。後日、減額や中断の手続きをすることもできます。

③引き落とし口座（銀行）を指定する……掛金額と同時に、掛金を引き落とす銀行を指定しておく必要があります（一部の会社は天引き対応）。また、すべての銀行が対応しているわけではないので、対応金融機関リストをチェックしておきましょう。

メインバンクに給料が振り込まれて、そのままiDeCoに引き落とされるのが流れとしてはスムーズですが、対応外の銀行であった場合は、資金移動を確実に行い引き落としに備えておきましょう。

また、現状では、銀行口座を指定しなければならず、クレジットカードからの引き落としは対応していません。投資信託の積立ではクレカ引き落とし（ポイントも貯まる）が人気なので、将来的には対応するかもしれません。

④自分の拠出限度額に影響する項目……加入申出書の下半分、番号では6〜8の項目のどれかにチェックをする必要があります。これが自分のiDeCoの拠出限度額をチェックする項目となります。分かりやすい順に説明をするとこんな感じです。

自営業者など国民年金保険料を納めている人……国民年金基金に加入している場合、もしくは国民年金の付加保険料を納めている場合「7」にチェックを入れる。

60歳以降でiDeCoに加入する人……「8」にチェックをする。

会社員や公務員の場合……「6」に必要事項を記入する。

⑤会社員や公務員の場合、職場の証明印が必要になる……今「6」の項目が会社員や公務員に該当するチェックだと説明しましたが「登録事業所番号」「企業年金制度等の加入状況」という記入項目があり、筆が止まってしまいます。

ここは添付書類とも連動するのですが、企業年金の有無等が拠出限度額に直接影響することから、会社のハンコをもらった証明書類の添付が必要になります。「会社員で、企業年金があるかないか」で月1・2万円だったり月2・3万円だったりすることを証明書類でチェックするのです。

普通は総務部などに書類を提出すれば、押印後返却してもらえます。

この書類はiDeCoに加入する最大のハードルともいわれており、2024年12月以降には解消に向かう見込みです。現在、企業年金の有無やその掛金水準について情報共有を行うシステム構築が行われており、「勤務先の企業年金の有無」や「企業年金の水準」のようなところを自動的に把握し、iDeCoの加入資格チェックや掛金額チェックに使えるようにする見込みです。

不明があればコールセンターに問い合わせよう

ｉＤｅＣｏの加入申込書類は何度か様式の簡素化を図っていますが、まだまだ複雑です。運営管理機関に話を聞いたところ、かなり書類不備が多く、再提出をお願いするケースが少なくないそうです。

再提出は加入の意欲を削ぎますし、また手続きをやり直すことで1カ月以上加入スタートが遅れてしまいます。

書類作成時点で不明な点があったらすぐにコールセンターに電話をして確認することをおすすめします。書類一式のどこかに、必ず電話番号が記載されているはずです。オペレーターが書類の記載方法についてしっかりサポートしてくれます。

一度、受理されて引き落としが始まれば、あとはほとんど手続きがありません。まずは「ｉＤｅＣｏをスタートさせる」ことに力を入れてみてください。

第4章

【リテラシー編】
NISA、iDeCo
「以前」のお金の話

どんな有利な資産形成枠も「お金」がなければ始まらない

本書はＮＩＳＡとｉＤｅＣｏの活用本ですが、あなたがもしＮＩＳＡとｉＤｅＣｏをしっかり活用していきたいと考えるのであれば**「ＮＩＳＡ・ｉＤｅＣｏ『以前』」のお金の流れ**を整えていくことも必要です。そんなＮＩＳＡ、ｉＤｅＣｏ「以前」の話を少ししてみたいと思います。

ＮＩＳＡがどんなに素晴らしい制度であったとしても、ｉＤｅＣｏが所得控除まで得られる最高の仕組みであったとしても、「そこに入金するお金」がなければその制度はあなたにとってまったく意味をもたらしません。

いつまでたっても資産残高はゼロのままです。

ゼロの残高をプラスにするためには２つの方法があります。

1つは**「口座開設をすること」**。

2つは**「毎月の掛金を入金すること」**です。

まず、口座開設そのものが重要なステップです。そして、最初の5000円を確保し、口座引き落としさせることが必要です（iDeCoの最低掛金額が5000円なので）。

ということは**「NISAやiDeCoに入金するお金を、仕事で稼いだり、節約によって確保するステップ」もまた、NISAやiDeCoの活用術**ということです。

「いい制度なのは分かりますけど、その5000円が貯められないんですよ！」という人ほど、NISAやiDeCoの必要性があります。そんな人も、「お金の流れを整える」ことができればNISAやiDeCoへの引き落とし額を確保できるはずです。

NISAやiDeCoを税制メリットや運用テクニックだけで考えると、この点を見誤ってしまいます。ライフプランやマネープランニングについて触れないNISA本もありますが、本書ではこの点もきちんと向かい合って指摘をしたいと思っています。

お金の流れはたった5つのパーツで整理できる

お金の流れを考えるとき、いくつものことを考えすぎてしまい、どこから手をつければよいのか分からずに、問題整理できないことがあります。

あなたのお金の流れを整えようとするとき、5つのパーツに分けて考えてみましょう。あなたのお金の問題はたった5つのパーツのいずれかに問題があるのです。

①稼ぐ
②使う（節約で残す）
③貯める（運用する）
④借りる・返す
⑤備える

①稼ぐ

仕事をしてしっかり稼ぎ、その収入を増やすことはお金の流れを考えるうえで最も重要なプロセスです。同じ金額の積立は高年収になるほど楽になるからです。まずはしっかり稼ぐことを考えてください。共働きもより多く稼ぐやり方の一部です。

②使う（節約で残す）

稼いだ以上にお金を使ってしまうのは論外ですが、稼ぎよりできるだけ少なく使うことで差額を貯める力に変えられます。節約に励み、積立額を増やしましょう。節約は投資原資を生み出す「運用」でもあるのです。

③貯める（運用する）

リスク資産の運用は、安全資産の保有とリスク資産の保有割合をしっかり検討し、そのうえでどの程度のリスクを取るかを決定するところが重要です。ただやみくもにリスクを拡大するのが運用ではないのです。

④借りる・返す

お金を借りれば利息がつきます。できるだけ借りなくてすむようなやりくりを考えることは賢い運用なのです。住宅ローンのようにどうしても借りざるを得ないなら、できるだけ少ない金額を低金利でかつ短期で借りるように工夫します。

⑤備える

自動車事故のように、万が一起きてしまったときに保障額が「億」になるリスクには、きちんと備えていく必要があります。一方で、公的な社会保障制度が機能しているのに、過剰に保険に入っているようなら民間保障を適切に見直すことも大切です。

お金がうまく貯まらないなど、悩みを抱えている人は、①～⑤のどこかに問題があります。それぞれのテーマ、関連書籍や情報はたくさんありますので、興味に応じて調べてみてください。

ここではもう少しだけ、「節約（支出を減らす）」と「稼ぐ（共働き）」についてＮＩＳ

AやiDeCoにつながる話をしてみたいと思います。

「節約」こそが「運用」——1万円の「節約」と「運用益」どっちが確実?

「節約が運用だ」と言われても多くの人がピンとこないことでしょう。

しかし、運用が「お金を上手に管理し増やしていくこと」だと考えれば、節約もまた資産運用の一部と捉えることができます。

例えばこういうケースはどうでしょうか。

ケース1
「1カ月のやりくりに留意し、毎月安定的に1万円貯金できるようになった」
ケース2
「1カ月マーケットを観察し、投資で毎月1万円稼げるようになった」

どちらも1万円を毎月増やしているという点では同じです。

しかし、確実性では節約の方に分があります。マーケットは短期的には上下落しますから確実にプラスの運用成績を上げていくことが難しいからです。

また、毎月1万円の節約は投資口座に入金することで資産運用の原資を増やしていく力にもなっていきます。

もちろん、中長期的には運用のほうにも分があります。中長期的にはプラスのリターンになる可能性が高いですし、100万円の財産で1万円稼ぐのではなく、1000万円ないし2000万円で1万円を稼ぐようになってくれれば、利回りが小さくても同じ金額を稼げるようになるからです。

そのためには、1000万円を超える財産を確保することが必要ですが、コツコツ毎月の積立を続けていく必要があり、やっぱり節約によりその原資を確保する必要がある……ということになります。

NISAとiDeCoの活用法、その第一歩は「節約」から始まると考え、家計管理をしてみてください。

図17　節約は運用である

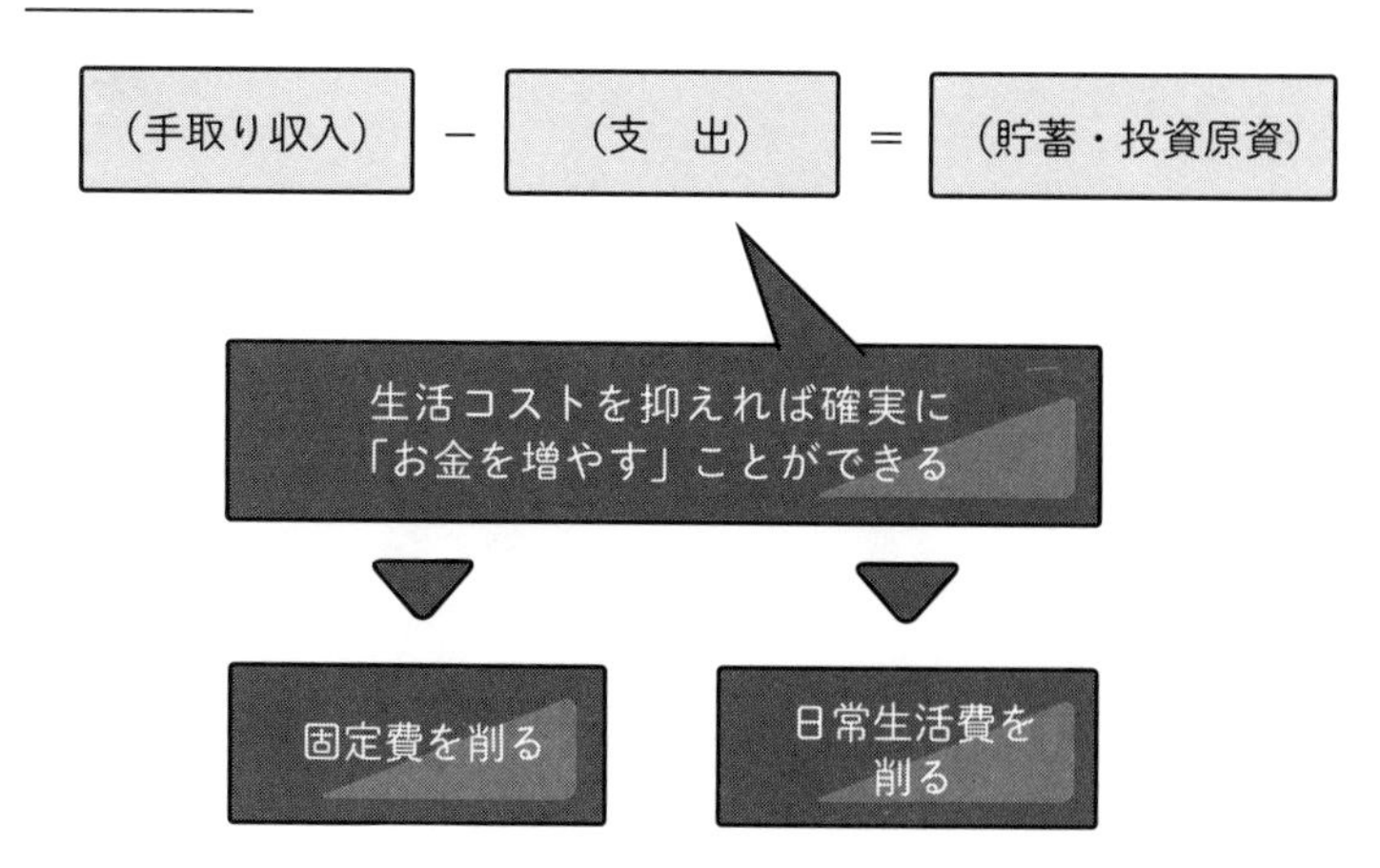

物価高の今、積立を続けるためにも節約が重要になる

2022年から鮮明になった社会変化のひとつとして **「物価上昇」** があります。

2022年は消費者物価指数がプラス2・5%となりました。光熱費やガソリン代などは15%近い急上昇となりましたし、食費関連支出も6・9%上昇と大きな伸びを示しました。

この数十年、デフレ下の生活に慣れきった私たちにとっては、モノの値段が上がるというのはほとんど未体験です。

しかし世界的に見ても、経済学的にも、経済が成長していく中で物価の上昇が生じることは避けられないことで、資産運用もこれに対応していく必要があります。

物価高と資産運用を考えるとき、第一に **「積立投資額を維持すること（減額や停止を避ける）」** が第一です。仮に生活水準が変わらないとすれば、物価上昇分だけ毎日の生

活コストはアップします。そのしわ寄せは資産形成枠の縮小になりかねません。そのためには**「値上がり分くらいの節約」**ができなければ、毎月の掛金の引き落としができないことになります。

第二に**「将来の目標額を上方修正し、積立額の増額を図る」**ことが必要です。物価上昇が続くということは、将来に必要なモノの値段もアップするということですから、準備額も多くする必要があります。これまた「生活費は物価上昇でアップしているのに、積立額も増額したい」という構図ですから、節約がいっそう必要になってきます。

物価上昇が続いた場合の将来目標はかなり多くなります。

これについては運用のメンテナンスを検討する最後の章で解説したいと思いますが、**「老後には2000万円必要」が、20~30年後は「老後には4000万円必要」になったっておかしくないのだ、**というくらいの意識を今から持ち始めておきたいところです。

つまり、物価上昇時代において節約は必須課題となってきたのです。

共働きはもっとも有効な「資産運用」となる

より多く稼げばより多く積み立てられます。特に若い世代ほど稼ぐことに自覚的になりましょう。1人でのキャリアアップはもちろん、夫婦での世帯収入増、どちらも重要です。**共働きは資産運用としてもっとも効率的な選択肢だ**と考えてみてください。

今の時代、男性ひとりが年収1000万円を稼いで妻と家族を養うようなキャリア形成は簡単ではありません。

しかし、正社員夫婦に子どもが生まれても、妻は離職をせずに共働きを続ければ「合計年収1000万円超」は決して不可能ではありません。「夫600＋妻400」「夫550＋妻450」「夫500＋妻500」、いろんなパターンの「合計1000」がありますし、うまくいけばそれ以上の合計年収も可能です。

女性は「正社員」の座に留まるべし

正社員として社会人のキャリアをスタートしたのであれば、女性はできるだけ長くその座にとどまることをオススメします。それは年収の維持だけではなく、「退職金を2人分得る」ことや「厚生年金を2人分得る」ことにもつながり、それだけで**「老後に2000万円」以上の資産価値**があるからです。

これはNISAやiDeCoとは直接関係のない話になりますが、資産形成はトータルで考えておく視点も重要なので、覚えていてください。

共働きを維持する最後のカギは**「共家事・共育児」**です。一時期ワンオペ育児という言葉が話題となりましたが、男性の家事育児参加率が低いことが働く女性の負担を過重なものとし、ときには女性のキャリアにマイナスの影響を及ぼしています。

これは統計的にも明らかで、この数十年は「女性は仕事も家庭もがんばっている」という変化が生じているのに「男性の家事・育児参加はあまり変化せず仕事だけやっている」状態が続いています。

まさか、男性が朝ご飯を作ったり、家事をすること、子どもの宿題を見てあげることが、ＮＩＳＡやｉＤｅＣｏの資産形成につながっているとは思わないでしょう。しかし、実はすべてがつながっているのだと考えてみてください。

特に「妻が会社員として稼ぎ続け、夫婦ともにｉＤｅＣｏに月２・３万円ないし１・２万円の拠出をする」というのが重要で、これぞまさに仕事と家庭とｉＤｅＣｏが連動している部分です。

結婚している男性はまずは４割の家事育児担当を目指しましょう（年収比でいうと「夫６：妻４」が多数であるという調査があるので、少なくともそれくらいは分担したい）。

それこそが最強の資産運用術の一部なのです。

そもそもなぜ、あなたはＮＩＳＡやｉＤｅＣｏを使うのか？

あなたはなぜ、口座開設にややこしい手続きが必要なＮＩＳＡやｉＤｅＣｏを使って、お金を運用して増やそうとしているのでしょうか？

「税制優遇があるから？」

いいえ、違います。

確かに税制優遇は魅力ですが、私たちは税制優遇のために口座にお金を入金するわけではありません。

資産運用、特に株式投資については「お金が増えることの快楽そのものが目的」という人もいます。これはこれで確かに楽しく達成感のあることです。しかし増えることそのものは目的ではなく手段であるはずです。

私たちにはなんらかのお金を使う目的があり、そのために必要な金額を確保したいと考えているはずです。

ＮＩＳＡやｉＤｅＣｏはそれ自体が目的ではなく、そこで増やしたお金で「何をしたいか」が目的なのです。

本末転倒な投資になっていませんか？

「ｉＤｅＣｏがいい制度だから加入します。その分、教育資金の積立を減らします」

これは実際に、ｉＤｅＣｏのセミナーで聞いた発言です。私がｉＤｅＣｏの魅力を訴えたところ、ある受講者が講演終了後に手を挙げて、こう言いました。

「ｉＤｅＣｏの税制優遇の魅力が大きいことがよく理解できました。今やっている積立定期預金から月１・２万円をｉＤｅＣｏに振り替えようと思います」

講師としてはありがたい感想なのですが、ちょっと疑問を感じたので、こちらから問い返してみました。

「今されている積立定期預金（月３万円でした）は何か目的がおありですか？」

そうすると――

「はい。子どもの学費準備にがんばって積み立てているものです」

――というのです。

これはあまりうまくありません。ｉＤｅＣｏに加入すれば確かに所得控除のメリットを活かし、効率的な資産形成が行われるようになります。

しかし、別の資金準備の枠がｉＤｅＣｏにシフトしただけです。このままでは学費準備が年間14・４万円分（月１・２万円×12カ月）遅れていくことになります。子どもの年齢にもよりますが、仮に10年後に１４４万円も積立金が不足していることに気がついたとき、学費支払いが滞ってしまう可能性もあります。

これでは本末転倒です。

これはまさに、**「積立という行為」と「いつ、いくら必要か」というイメージの2つがリンクしていないこと**を示しています。

そのときの質疑では「その積立はキープして子どもの学費準備はそのまま継続しましょう。さらに月1・2万円のiDeCoを拠出するために節約でどこを削れるか考えてみましょう」という話題につながり、大いに盛り上がりました。

相談者はこの日、**「子どもの学費準備に月3・0万円継続」「老後の準備に月1・2万円捻出（ねんしゅつ）」**とすることで、わが子の学費準備にはメドを立てつつ、新たに老後の不安を解消する第一歩が踏み出せたわけです。

受講者にとっては、お金と不安、未来の安心が変化する大きなきっかけになったと思います（私が本書や講演で、「iDeCoでも大事なのは節約」のようにキャリアや家計管理の話も重視するようになったきっかけでもあります）。

このように、未来のお金の不安がなくなることも、NISAやiDeCoを活用する理由です。

「何のために」「いつ」「どれぐらい」お金が必要になるのか？

人は誰だって、今をガマンして未来に備えることは得意ではありません。行動ファイナンスという学問でも、未来に向けて計画的に備えていくのは、人間心理として難しいという結論が示されています。

それでも、私たちは未来の不安を解消するためにお金を貯めていく必要があります。このとき、漠然とした不安を埋めるために、漠然とお金を貯めるのでは息が詰まってしまいます。そして継続できなくなります。

そもそも資産運用を始められなかったり、続けられなかったりする理由は、貯めたり増やしたりする目標や必要性が明確ではないからです。

しかも、今のペースではお金が必要十分に貯められるかが不明なままでは、実際には積立をしていても、未来の不安は解消されません。

①「何にお金が必要になるのか」

②「いつ必要になるのか」

③「いくらぐらい必要になるのか」

この3つを具体的にイメージすることが、NISAやiDeCoを活用して積立投資を続けていく原動力になるわけです。

人生は「お金を貯めて使う」の繰り返し

本章の冒頭で「稼ぐ→使う（節約する）→貯める」というお金の流れを整えようと説明しましたが、おそらく月単位のイメージで理解されていたかと思います。

実はこのお金の流れは「人生を通じて」整える流れです。人生をお金の流れで説明すれば「貯めて使う」の繰り返しです。

最初はバイト代や給料を「もらっては全額使う」からスタートし、徐々に給与や賞与の一部を半年あるいは1年くらい先の目標のために貯めていくことを覚えます。旅行資金のための月1万円の積立などがまさにこれです。

そして、人生において必要な額は徐々に高額化していきます。

- **引っ越し　100～200万円くらい**

・結婚　300〜400万円くらい
・住宅購入の頭金や諸費用　500〜600万円くらい
・子どもの高校と大学の学費　1人1000万円くらい
・老後のゆとり資金　2000万円くらい

このように金額がどんどん増えていきます。

必要な金額が増えていくということは「ボーナス1回分でエアコンを買い換える」のような一括払いができなくなるということです。

そのため計画的に資金準備をし始める必要が出てきます。

そうなると、計画的に積み立て、実際にお金を使うまでのあいだに運用をして増やしていく試みが必須になってきます。

それこそがNISAやiDeCoを活用する理由です。

また、人生最後の「老後に2000万円」はローンを使えないことに注意が必要です。住宅ローンや教育ローンは、不足分を借り、後から返していくことが許されますが、老後の娯楽費や孫のお年玉代を貸してくれるローンはありません（家を担保にリバースモーゲージを設定する場合を除く)。

最後の人生に必要な、そして最も高額のお金の準備のためにも、私たちはNISAとiDeCoを中心に資産形成をしていくわけです。

こうした、「いつ必要か」と「いくら必要か」をはっきりさせていくことで、私たちは未来の必要なお金を備えていくことができます。同時に未来の不安を軽減させることにもなります。これがマネープランの基本です。

図18　いつ、いくらお金が必要か見極める

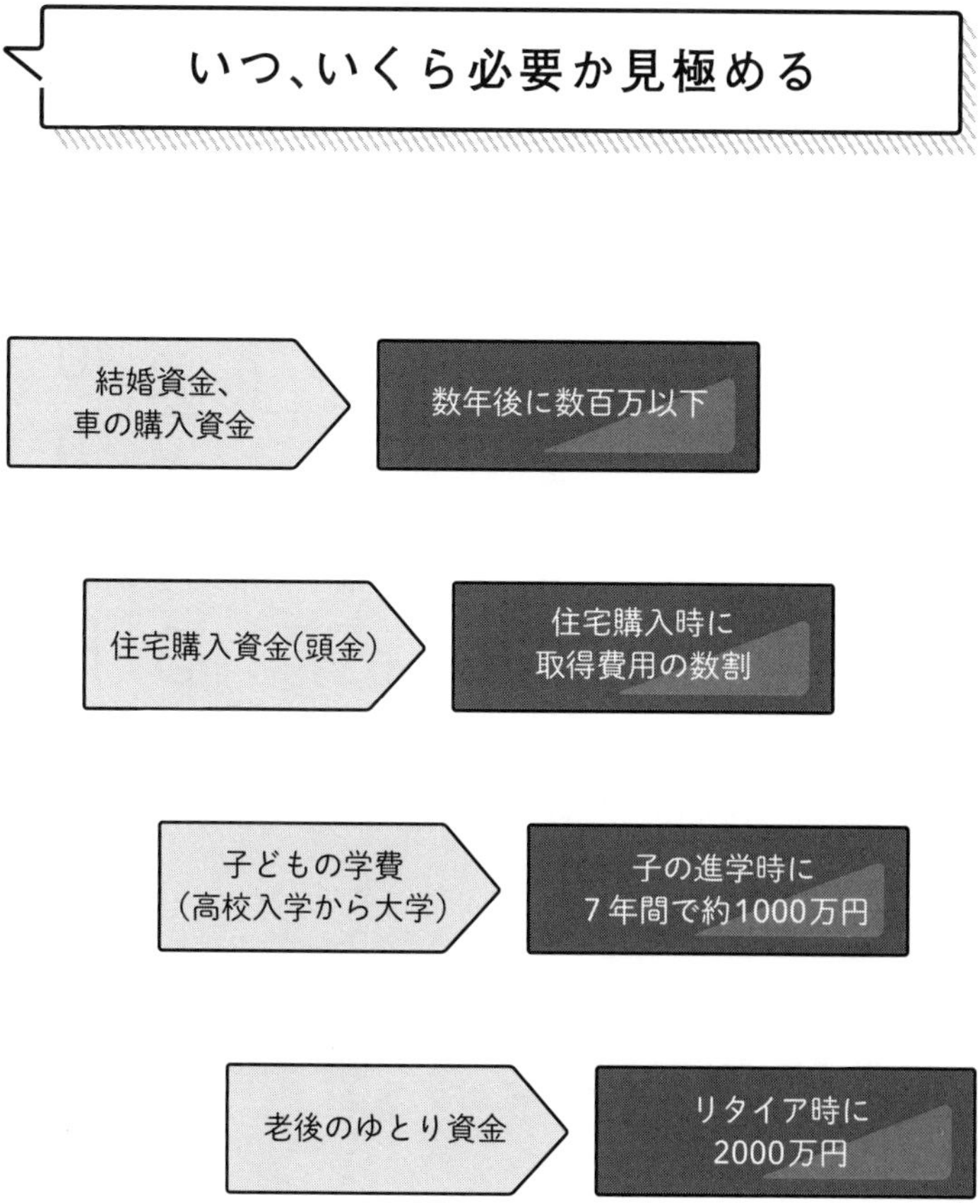

いつ、いくら必要か見極める

結婚資金、
車の購入資金
→ 数年後に数百万以下

住宅購入資金(頭金)
→ 住宅購入時に
取得費用の数割

子どもの学費
(高校入学から大学)
→ 子の進学時に
7年間で約1000万円

老後のゆとり資金
→ リタイア時に
2000万円

「老後に2000万円」を現役時代に完遂させる

誰もが逃れられない人生の最後に、もっとも大きな資金準備が待ち構えています。いわゆる**「老後に2000万円」**問題です。

誤解の多かった「老後に2000万円」問題

2000万円という数字の根拠は、実はあいまいなものです。当時は月5～6万円の不足が2000万円になると言われていましたが、2021年の家計調査年報を見ると、年金生活夫婦の不足額は月1・85万円となっており、30年で積算すると「老後に666万円」に縮小してしまっています。もちろんコロナ禍での外出自粛の影響がありますが、生活次第でずいぶん変わるのです。

また、公的年金の破たん問題と関連付けて批判する人が多かったのも残念でした。公的年金は水準の低下はあっても「終身年金」で生きている限り、何十年でも支給する仕組みは維持されます。また、日常生活費をやりくりするギリギリのところに水準設定がされており、むしろ一生もらえる安定収入と位置づけられます。

誤解の多かった「老後に2000万円」問題でしたが、「老後に向けて公的年金以外にも計画的な資産形成を行う必要がある」という理解を国民に深めたことだけは有意義でした。

老後の資金準備の最大の注意点は「リタイアまでが準備のリミット」であるということです。65歳で気がついて、退職金で慌てて高リスク運用することはおすすめできませんし、65歳時点の公的年金収入を投資に回し、75歳時点に回すようなこともできません。働いていないので、65歳でもらう公的年金は65歳の生活費に回すほかないからです。

となると、老後の資産形成は**「リタイアまでに完成させる」こと**が求められる難易度の高いマネープランとなります。住宅購入や子どもの学費のやりくりと同時並行的に進めていかなければならないからです。

NISAやiDeCoは老後のためにフル活用したい

NISAやiDeCoの活用において、老後資産形成をにらんでほしい最大の理由が「リタイアまでに資金準備を完成させる」必要があることです。住宅ローンは先に借りて後から返します。教育費も足りないなら借りることができます。しかし、老後資金だけは後で「返す」ことができないのです。

仮につみたてNISAの水準である年40万円を40歳〜65歳まで継続したとすれば、25年で、元本で1000万円、運用益年4％の上乗せで1714万円の資金準備に相当します。同様にiDeCoに月2・3万円を25年継続したとすれば元本で690万円、運用益年4％の上乗せで1182万円の資金準備に相当します。

もし40歳くらいのスタートを考えたとしても、**こうした制度をしっかり活用すれば「老後に2000万円」は怖くない**というイメージがつかめるはずです。

一方で、iDeCoの枠が小さい人たちはiDeCoでの準備額が小さくなってしまうことに注意が必要です。この場合、NISAの積極的な活用と取り崩しの抑制が求められます。あるいは夫婦でiDeCoを2口座開設しておき、枠を2倍にすることも有効でしょう。

すでに準備が行われている「老後準備資金」も知っておく

一方で、「老後に2000万円」は2000万円を全額準備するわけではありません。「夫婦の合計年金額」「夫婦の合計退職金額」などもここにカウントすることができるからです。

そもそも共働き夫婦であったことで、専業主婦世帯より月5~6万円年金額が多かったとすれば、それだけで老後に2000万円は解消されてしまうインパクトを秘めています。妻の厚生年金がどれくらいになるかはねんきん定期便およびウェブのねんきんネットで知ることができます（将来の見込額の試算も可能）。

あるいは、夫婦それぞれ1000万円の退職金をもらえたとすれば、これでも老後に2000万円のメドが立っています。こちらも制度の有無や水準額の認識が低いので、自分の会社の制度をよく確認しておきましょう。

そもそもの生活コストで老後の必要額は大きく増減する

老後のマネープランは生活水準の問題でもあります。「公的年金収入で老後の生活費はやりくりする」「旅行や贅沢（ぜいたく）はほとんどしない」と決めてバランスを取ってしまえば、老後の経済的不安は、病気や介護の負担だけに抑えられます。

基本的な収支（年金収入＝日常生活費）がイコールであれば、老後破産のようなことも絶対に起きません。

逆に老後の生活水準を高くしたい場合は公的年金が多くても、それこそ「老後に4000万円」あっても不足することがあります。「やっぱり月40万円くらいは使いたいよ」と思えば、（支出：40万円×35年）－（収入：月22万円の年金×35年）となってしまい、「老後に7560万円」になってしまうわけです。

自分にできる「老後に×万円」の準備と、実際に自分が使う「老後に×万円」を考え、リンクさせれば老後は怖いものではなくなるのです。

公的年金はどれくらい老後の頼りになるのか？

老後のお金の問題を考えるとき、欠かせない理解として「公的年金」について少しだけ触れておきましょう。

いわゆる「老後に2000万円」問題が話題になったとき、そもそもの公的年金の破たんの問題と結びつけて「どうせもらえないのだろう」と結論づける人が多くいましたが、これは明らかな間違いです。

本当に老後に必要なお金は「億」に近い水準です。実際の老後の生活を現在の実勢から月25・5万円とし、65歳〜100歳までの財源を確保しようとすれば総額は1億500万円となります。

しかしながら、誰もが1億円を貯めてリタイアするわけではありません。現実には月22万円くらいを公的年金が用意してくれ、これは老後の35年で累積すれば9240

万円となり、自力で準備する分が「老後に2000万円」というわけです。

実は日本の年金制度には、それくらいの価値があります。

「公的年金が破たんする」という大ウソ

公的年金の破たんについても、いまだに信じている人がいます。

しかし日本の年金制度が破たんすることはまずありえません。

まず積立金を200兆円以上持つ国は日本とアメリカしかありません。もし積立金が足りないというなら、先進国のほとんどすべて、日本より人口の多い新興国のすべてが日本より破たんリスクが高いということになります。

でも、決してそんなことはありません。

「1人の現役世代が1人以上の老後を支える未来になるから破たんする」というロジックもミスリードです。**今の高齢化比率と、「40年後に75歳がリタイアする社会になった未来」の高齢化比率は実はほとんど変わりません。**

今でも70歳現役社会が実現しようとしていますし、70歳の男性のほぼ半数はすでに働いている世の中です。今維持されている年金制度ですから、40年後も維持できるのは当然です。

基本的に、公的年金破たん論はテレビの視聴率や書籍や雑誌の売上部数獲得の**「見出し（キャッチコピー）」**であるか、金融機関が商品販売に使う**「セールストーク」**なのです。

年金水準を引き下げても年金が破たんしない理由

ただし、公的年金水準に引き下げ計画があることは事実です。

２０２３年春、物価上昇率が２・５％ですが、公的年金の改定は２・２％増でした。金額としてはアップしますが実質的な水準目減りを行ったものでした（マクロ経済スライドというものです）。これをしばらく繰り返して年金水準を調整し、結果として破たんをありえないものとしていくことになります。

これも年金破たんが絶対にありえない理由のひとつですが、ひとりひとりの生活には影響が出てきます。目減りすることは間違いないからです。

こちらについては**「繰り下げ受給」**という選択肢があります。例えば67歳まで働いてそこから年金をもらえば16・8％、68歳まで働いてそこから年金をもらえば25・2％も年金額が増え、それを一生もらい続けることができます。

公的年金水準の目減りは2～3年の繰り下げでカバーできると試算されており、最大で75歳まで繰り下げをすることができます（なんと84％増）。すでに60歳代後半の50％が働いている時代ですから、未来において繰り下げの年金を受けることはそう難しいことではないと思います。

普通に暮らす私たちは**「日常生活費くらいはなんとかやりくりするお金は年金でもらえる」「でも老後のゆとりは国からもらえない」「でも何年長生きしても死ぬまで振り込んでもらえる」**という年金の安心感を理解し、普通に加入して普通に公的年金をもらっていけばいいのです。

そのうえで**お金を貯めれば貯めた分だけ、「老後にやりたいこと」が増やせる**と考えましょう。「老後に2000万円貯めた人」は「老後に2000万円使っていい人」なのです。そう考えるとがぜん、積み立て意欲は増してくるはずです。

第5章

【投資の基本】素人はできるだけシンプルにラクに運用する

投資はバクチでもギャンブルでもない「三方皆よし」の世界

投資について考えるとき、「これからＮＩＳＡ口座を開設する3000万人」を想定して話をしたいと思います。

すでに一般ＮＩＳＡ口座を何年も前から開設していたという人は投資に早くから興味がある人たちであり、また投資知識も有している人たちです。

すでにつみたてＮＩＳＡ口座を開設した人たちは、個別株の投資をするよりは積立投資をベースとしていますが、それでも日本人全体の平均からいえばリテラシーや情報感度が高いからこそつみたてＮＩＳＡを開設しているといえます。

岸田内閣は資産所得倍増プランの中で、ＮＩＳＡ口座の倍増を掲げていますが、これからＮＩＳＡ口座を始める人、これからｉＤｅＣｏ口座を作る人の多くは、「普通の人」なのだと思います。

普通の人のイメージというのはこういうものです。

「投資って結局ギャンブルのようなものですよね」と。

私はリーマンショックの後、ＮＨＫの「あさイチ！」に出て確定拠出年金の資産運用はどうするかという解説をしたことがあります。例え含み損を抱えていたとしても経済が回復するまで待つべし、という話をしたのですが、メインキャスターからは「投資は結局ギャンブルでは」というコメントが出てしまい、ガクッときてしまったことを覚えています（そして、そのコメントを受けて時間切れという……）。

まず最初にはっきりと整理しておきたいのは**「投資はギャンブルではない」**ということです。

「ギャンブルのような投資」をすることはできますが、本質的には投資はギャンブルではありません。むしろ建設的な営みでもあります。

ギャンブルには胴元が必ず存在します。胴元の取る手数料を引いた残りが分配されるということは、参加者は必ずマイナスになるということです。これは**「マイナスサム」**です。ギャンブルは戻ってこないつもりのお金で少額楽しむのはいいですが、資産形成の選択肢にはなりえません。

ＦＸ（外国為替証拠金取引）や仮想通貨取引のように、「表と裏」のような売買もあります。誰かの利益は誰かの損と組み合わさっているようなイメージで、これは**「ゼロサム」**といわれます。為替そのものは交換レートですから、成長するわけではありません。

これらに対し、投資は**「プラスサム」**です。

将来有望な企業に投資することで企業は成長し、社会は豊かになります。プリウスを開発してトヨタ自動車が成長する。スマートフォンを開発してアップルやグーグルが成長する……といった感じです。世界中の人が便利で豊かになり、その結果売上を上げた企業は成長します。そして、最終的に投資家も儲かる、いわば**「三方皆良し」の世界が投資**なのです。

そう考えると投資は何もズルいことではなくなります。経済の成長に、今すぐには使われない資金を提供することにより、経済が成長した果実を分配してお金が増えていくわけですから、むしろ**「投資はよいこと」**といってもいいくらいです。

ＮＩＳＡやｉＤｅＣｏを使う個人は「投資はギャンブルではない」「投資はズルいことではない」というマインドセットからスタートしてほしいと思います。

図19　投資はギャンブルではなく社会を豊かにする行為

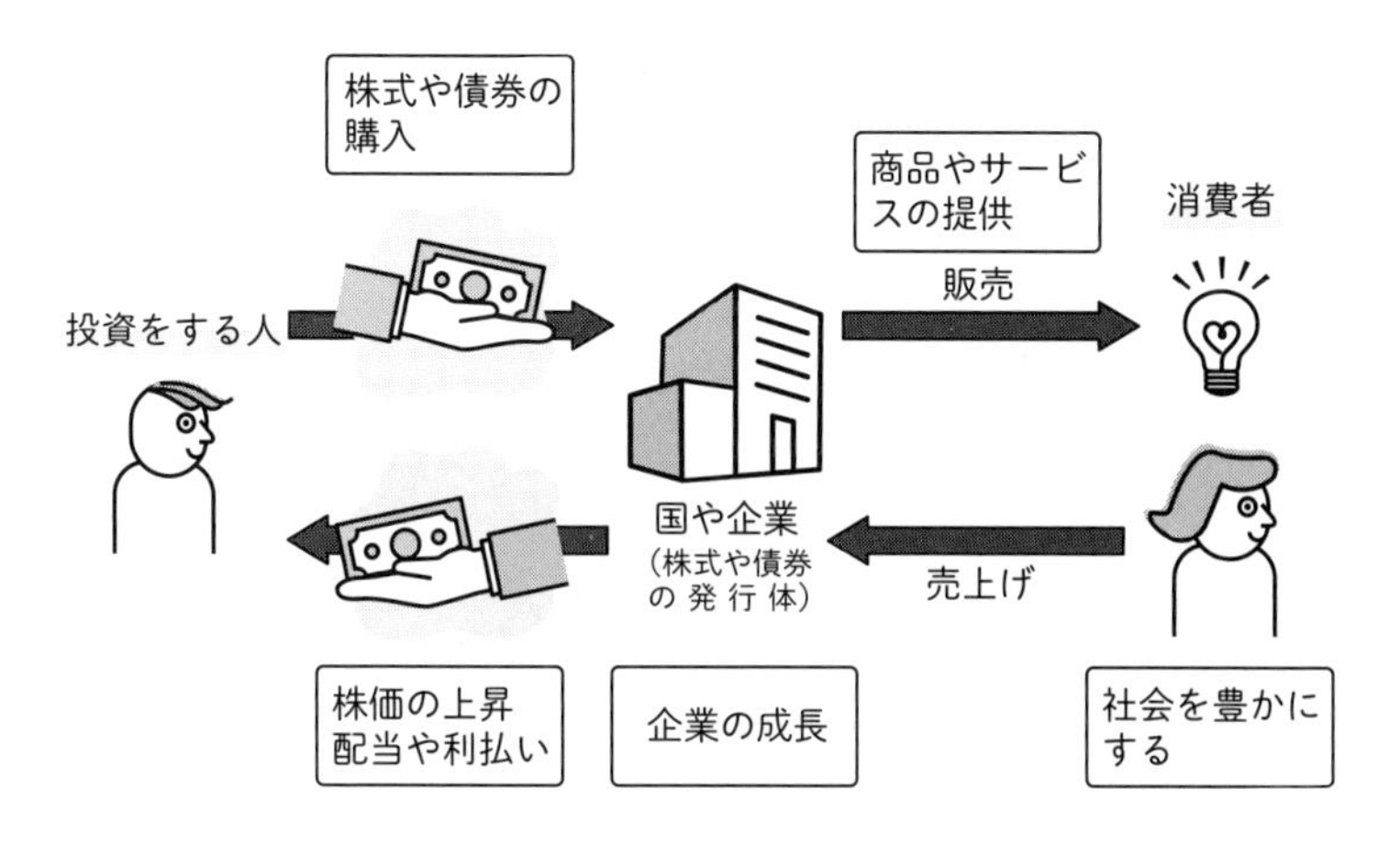

投資は長期で考える

短期で勝負するよりラクで確実

本書では、個別株の短期売買を推奨していません。むしろ大事にしたいのは、売買頻度を少なくしても、上々の成績が上げられる手法です。

具体的には次の投資法です。

「長期×積立×分散＝投資」

ここには3つのキーワード、すなわち**「長期投資」「積立投資」「分散投資」**が含まれていますが、これらは三位一体となることで、資産形成の大きな力となってくれるのです。しかも、この三位一体の投資法を採用すると、投資を実施する負担は大きく減少します。

長期投資がなぜいいのか？

まず**長期投資**です。

投資というとあっという間に売り買いをして収益を上げるスタイルがイメージされがちです。パソコンの画面が6〜8画面並んでいるデイトレーダーのトレード風景は見る者を圧倒します。テレビに登場するデイトレーダーは数分あるいは数秒で売買を繰り返しています。

しかし、資産運用にはいろんなスタイルがあります。中長期で考える、具体的には5年以上、できればつみたてNISAが想定していた20年くらいを考えて投資をすると、一気に投資の負担は楽になり、運用でプラスに終わらせる可能性は大きく高まります。

まず、**どんなに大きな「○×ショック」であっても、5年くらいの投資スパンを設定できると基本的には株価が戻ってきます。**今世紀に入ってから最大の経済危機と言われたリーマンショックのときも5年が経過する頃には下落幅をすべて取り戻し、今ではそのはるか上に株価水準はあります。その後のコロナショックも同様です。

5年以上の投資スパンをイメージできると、むしろ下落相場の時期は「安く買い続ける時期」として機能し始めます。

毎日売買しなくても年7％稼ぐｉＤｅＣｏ口座

私自身のｉＤｅＣｏの話を少ししましょう。

積立初期にリーマンショックの直撃を食らい、30％くらいのマイナスを経験しましたが、ためらうことなく長期積立投資を継続しました。むしろここが**「安値仕込みできる大チャンス」**と自分に言い聞かせて、自動引き落としを継続したものです。

私自身が、リーマンショック以前に中長期投資をできなかった失敗経験があることも、リーマンショックでブレずに投資を続ける力となりました。２０００年代最初にやってきたＩＴバブル崩壊時、30％下がった投資信託を、なんとかねばって3年くらいは持ち続けたものの売ってしまったという経験です。このとき「積立をやめてしまったこと」と「回復まで待てなかったこと」は貴重な経験値として私に残りました。

結果として今、私のiDeCoは大きなプラスです。設定来の利回りが年7%くらいを維持していて、それがまた長期積立投資を継続する自信にもつながっています。

「年7%以上」というと「さぞかし株価のチェックをしていたのでしょうね」とか、「高値で売り抜けてまた安値で購入するタイミングを見極めたのでしょう」などとコメントされますが、私がやったのはこれから説明する**「長期積立分散投資」**を自動的に10年以上続けているだけです。

それでも、大きなプラスの運用成績を上げることは不可能ではないのです。

長期投資最大のメリットは「ラクなこと」

普通の個人にとって長期投資がいいのは、何より負担が楽なことです。「いつかは経済が回復して上昇に転じる」と、ただそれだけを信じられるのなら、市場が低迷している時期は愚直なまでに積立投資を継続していけばいいからです。

今すでに保有している資産がマイナスになったとき、短期的に売ってしまうと、もう一度より安い値段で買い直す必要がありますが、実際には怖くてできません。

一方、どんなに資産がマイナスになったとしても売らずに持ち続ければ、時間が経って経済が回復していけば損失は縮小し、マイナスは消えていきます。保有資産の含み損はそのまま置いて構いません。

毎月新規で購入する資金は今はむしろ株価水準が低くなっているが、将来的には値上がりすると考えれば逆に大チャンスになります。とにかくコツコツと買い続けていくことで、景気の回復時には大きなリターンを生み出す原資となっていきます。

私たちの未来を信じてみよう

もちろん、経済の回復を信じられない人は、投資をする必要はありません。どんなに損失が生じていようと売ればいいでしょうし、周囲になんといわれようと長期積立投資をする必要はありません。

しかし、冷静になって考えてみましょう。

私たちは10年前、20年前より豊かになっています。経済誌が「失われた30年」と言ったとしても、スマホもタブレットもなく、インターネットもSNSも動画や音楽の配信サービスもない時代を「今よりも豊かだった」というのはただの懐古趣味です。

私に言わせればバブル期より、今のほうがコンテンツも豊かでコミュニケーションも自由になり、楽しい時代だと思います。そして、同じことは5年後、10年後、20年後にも繰り返されていくことでしょう。

人はイノベーションを求める生き物であり、企業は世の中の役に立つことで成長していきます（少なくとも世の中のニーズを満たさない限りは企業の成長はありえません）。

このとき、時間がある人は、**「お金を経済の成長に回しておくことで、高いリターンが得られる」**というわけです。個人にとって、長期投資は最大の武器のひとつになるのです。

投資は分散で考える

相場を「あえて読まない」投資法

投資を楽にする2つ目の選択肢が **「分散投資」** のスタイルです。

上司が激怒する最悪の「スパゲティ」が示す真理とは？

スパゲティ・チャートと呼ばれる図があります。グラフの縦軸には収益率を、横軸には時系列を取ります。そして日本株や外国株などいろんな投資対象の折れ線グラフを作っていきます。

作ってみると、ぐちゃぐちゃにこんがらかった棒グラフが何本も入り乱れて描かれます。まさに絡み合ったパスタのようです。会社の資料作成でこんなグラフを作ったら、確実に上司は「やり直し！　分かりにくい図はダメだ！」と言うこと間違いないでしょう。

しかし、投資ではこの図が重要な意味を持ちます。それはつまり**「さまざまな投資対象の値動きは、上がったり下がったりするが、それを予見することは難しい」**ということです。

読みにくいグラフをあえて読み込んでみると、日本の株が1位を取る年もあれば、外国株が1位という年もあります。一方で連勝することはあまりなく、また株式投資が大幅なマイナスになることもしばしばです。

毎年度、4月1日に1年後にもっとも上昇する投資対象（日本株か外国株か、はたまた不動産か……）をひとつ決めて全額投資すれば、その1年の成績は最高金額ということになりますが、あなたが未来人でもなければ、毎年的中させることは不可能です。

しかし、**平均的な上昇率（期待リターン）と平均的な上下幅（リスク）であれば推計値を得ることができます。**また、株式よりも債券のほうが変動幅が小さいことや、投資対象ごとの値動きがズレることなどは、データとして分かっています。

だとすれば、複数の投資対象を組み合わせて投資をすれば、大きく負けることを避けられることになります。1位は取れなくても確実に勝つ道を選ぶ方法です。つまり

分散投資は相場を読まなくても確実に及第点を取る

「全部、ちょっとずつ買ってしまう」という方法です。

分散投資というのはまさに「全部、ちょっとずつ買ってしまう方式」で、一点勝負をしないことにより、成績中位を安定的に確保します。といっても、プラスになる可能性が高いことは間違いありません。

しかも単独の投資対象だけで投資をするとき起こりうる、大きな下落を回避することができます。つまり、堅実にプラスを狙っていくことができます。

これはつまり「相場を読む」というかにも投資の当たり前の手法から、普通の個人を解放してくれる投資手法ということです。

投資対象の1位狙いが大変なことと比べれば、及第点を狙うことは実に簡単です。多くの投資対象を同時に保有しておけばいいからです。さらに、**複数の投資対象を同時保有することはリスク**（**値動きの幅**）**を加重平均より小さくすることができます。**これは分散投資の効果として証明されており、ノーベル経済学賞が受賞されているほどです。

一方、世界がグローバル化していく中で、かつてほど分散投資の意義がなくなったと主張する人が増えています。

それは確かにその通りなのですが、「分散対象としての投資対象の数や種類が変化している」だけであって、分散投資の考え方が崩れたわけではありません。また、「分散投資は元本割れリスクを100%回避する方法ではもともとない」ということもちょっと覚えておきましょう（相場下落時にはそう言う人が必ず増えてくるので）。

図20　長期積立分散投資が最強

なぜ長期積立分散投資か

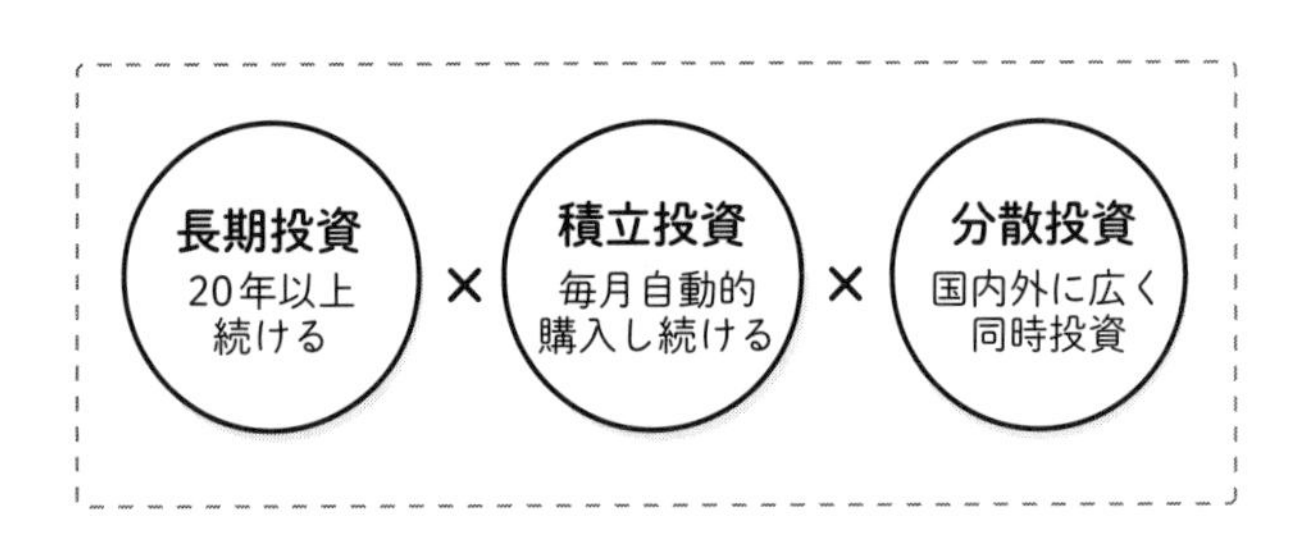

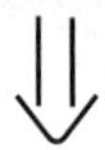

誰でもできる × 自動化できる × 勝率が上がる

⇓

シンプルだからこそ活用したい！

投資は積立で考える

むしろ少額からスタートしよう

長期投資の項目などで、積立投資の意義についても半分くらい説明してしまったのですが、最後にもう一度「長期積立分散投資」の最後の要となる**積立投資の意義**を確認しておきたいと思います。

つみたてNISAもiDeCoもゼロからの積立投資をするしくみ

最初に述べておきますが、長期積立分散投資は最高のパフォーマンスをたたき出す方法ではありません。最高のパフォーマンスを出したいのであれば、「今が一番値下がりしているタイミング」に「これから最も値上がりする可能性がある投資対象」を「全額一括投資する」に尽きるからです。

しかしそれはいずれも非現実的です。もっとも困難なのは、欲しいときに一括投資をする資金を捻出することでしょう。

積立投資が重要なのは、「ゼロからの資産形成」が私たちの現実的選択肢であるからです。

実際、つみたてNISAおよびつみたて投資枠（2024年からのNISA）は残高ゼロからの少額積立を原則としてスタートします。

iDeCoもそうです。最初に100万円を入金してとりあえず売買スタート、のようなことはなく、誰でもゼロ円からのスタートになります。例外は転退職に伴い企業型の確定拠出年金の資産残高を引き継いだ場合のみです。

最初からお金があるわけではなく、新規口座はゼロ円スタートし、そこに積み上げていくのが、普通の人にとっての資産形成の基本になります。

投資未経験者にとっても積立投資が役に立つ

少額からの積立投資は、投資未経験者にとってもメリットがあります。最初はゼロ

からスタートして徐々に金額を増やしていくことで、少しずつ投資に慣れていくことができるからです。

よく「投資には100万円くらい必要だ（軍資金として）」というような言い回しをみかけます。なぜか100万円くらいないと始められないというイメージがあります。

しかし、これは古い常識です。個別株しか投資の選択肢がなく、購入単価が高かった時代はいざ知らず、投資信託を活用できる今の時代にそんな資金確保の必要はありません。むしろ、**ゼロ円からスタートして少額で投資経験を積むことの方が役に立ちます。**考えてみましょう。

「100カ月、積立の定期預金をして得た現金100万円で初めての株式投資（本では投資の勉強をしてきた）」というA氏と、「ゼロから100カ月、毎月1万円の積立の投資信託をもって国内外の株式での運用に触れてきた」というB氏、どちらが投資の理解度が高いでしょうか。

現実に株価の上下動を100カ月経験してきたB氏の方が投資経験は高いというのが普通です。A氏とB氏が、「○×ショック」で株価の一時的急落（30%）に遭遇したとき、B氏は100カ月の積立投資経験から「これは何度か経験してきたことであり、回復の可能性があるのだから積立を継続すればいい」と泰然自若としていられます。ところがA氏は、「虎の子の100万円が一気に70万円の時価にまで下がってしまった。これ以上下がっては怖くてもう続けられない」と損失確定をし、もう投資には二度と足を踏み入れなくなってしまいます。

ゼロからの積立投資は投資未経験者が「資産の積み上がり」と「投資経験の積み上がり」を同時に獲得していくもっともよい方法なのです。

一番重要なのは「積立投資の自動化」

積立投資のもうひとつの価値は**「自動化」**にもあります。

毎月指定日に一定額を自動的に投資に回していくことです。

購入日が自動化され、強制されてしまうため、理想的な売買タイミングを選ぶことはできないかもしれません。しかし、自分で最善と思われる投資タイミングを探し続けることは楽ではありません。「1カ月の範囲で、もっともいいと思った日に投資をする」というのは、普通の人には難しいことです。

特に株価が下がり続けた1カ月などは、「今月はお休み」としたくなりますが、そこで買うことが長期的には重要です。これも自動化が解決してくれます。あなたが心理的にはイヤだったとしても、強制購入してくれるからです。株価の回復時にはそれが高利回りに効いてきます。

定期預金での資産形成においても、この自動化が重要だといわれます。社内の財形貯蓄制度を利用し「月1万円貯める」としておいた人は、気がつくころにはまとまったお金が積み上がり（利息は期待できませんが）、結婚資金のメドが立っていたりします。投資もこの自動化の手法を活かしていけばよく、つみたてＮＩＳＡ（２０２４年以降はつみたて投資枠）やｉＤｅＣｏはそのための最適な手法といえます。

そうすると、最後に重要なのは**「引き落とされる掛金額相当をきちんと残しておく家計管理」**になります。

積立投資が継続されるよう、しっかり家計を管理し、必要な引き落とし額が銀行口座に残っているようにするのもまた「資産運用」だと考えてみましょう。

金融庁資料が示す20年の長期積立分散投資の驚くべき結果

ここに有名なデータがあります。

つみたてＮＩＳＡがスタートするとき金融庁が示したデータです。これによると20年の積立投資をした場合、ほぼ１００％の確率で運用成績はプラスで終わり、かつその半分くらいは年４～６％の成績で納まっている……というのです。

仮に中央の年５％で運用をしたとします。20年のあいだ、月1万円を積み立てたとすれば、20年かけた積立元本は２４０万円です。運用収益を加味したゴールは４１１万円となり＋71％の増、ということになります。ほとんどほったらかしで自動的に積立投資をしていたゴールとして考えれば悪くない成績ではないでしょうか。

図21　20年の積立は勝率ほぼ100%

20年の積立は勝率ほぼ100%

資産・地域を分散して積立投資を行った場合の
運用成果の実績【保有期間別（5年、20年)】

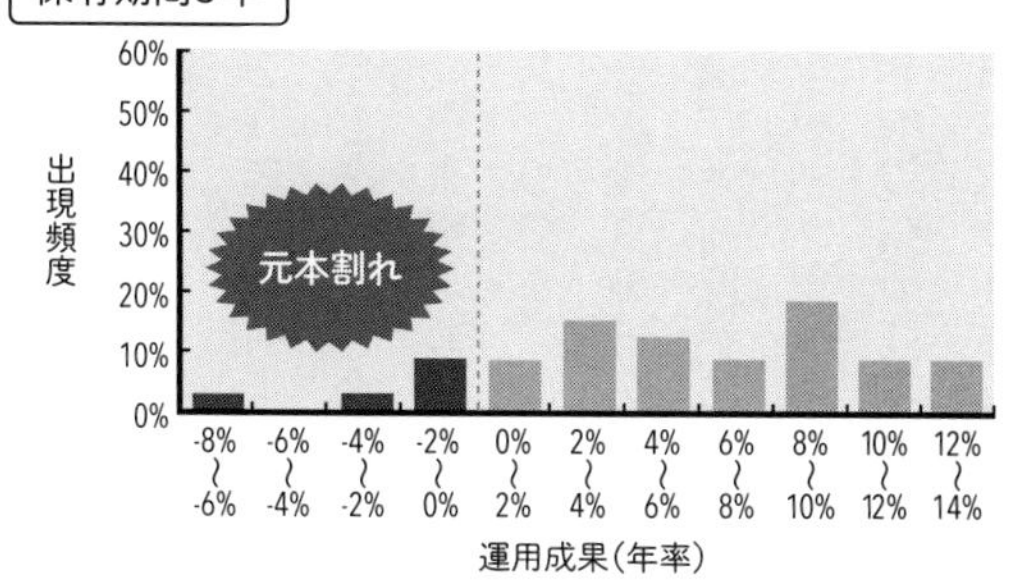

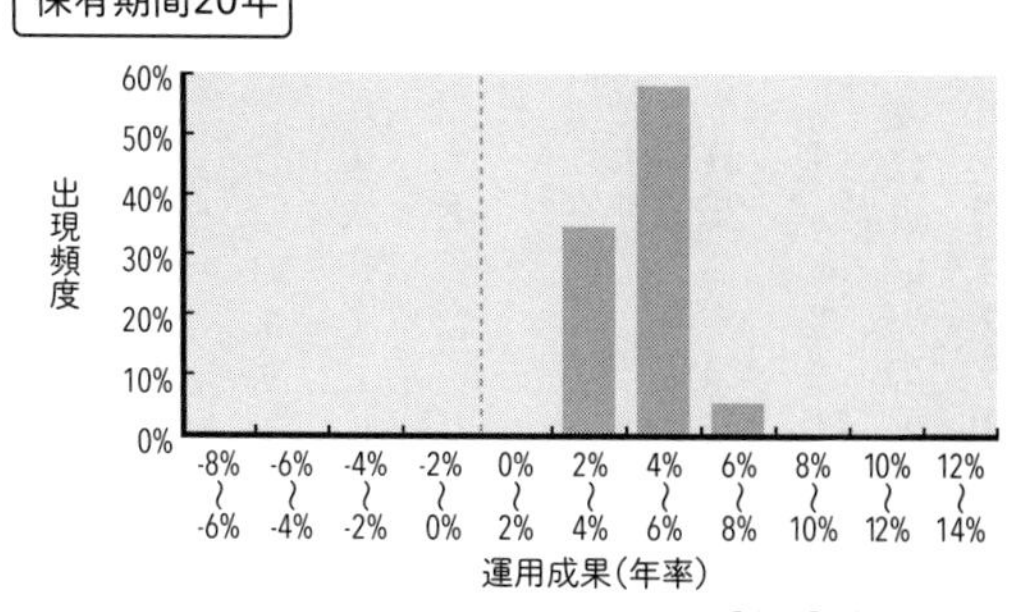

［出所］金融庁作成

（出典：金融庁つみたてNISAハンドブック）
※1985~2020年まで国内株・債券、外国株・債券に同額の投資を行った場合の試算

どの時代に投資をスタートしても運用成績はプラス！

条件をもう少しみてみましょう。

まず１９８５年から２０２０年末をデータの取得範囲としています。それこそバブル崩壊前にスタートした20年もあれば、今世紀に入ってからスタートした20年もあります。その間にはさまざまな出来事がありました。それでも**とにかく20年ひたすら積み立てていれば結果はプラス**なのです。

この試算で示されている分散投資のモデルはシンプルです。

国内株、国内債券、外国株、外国債券について、それぞれ25％ずつ投資をすることにしています。それぞれの主要インデックスで運用したと仮定しており、これは国の年金運用機関であるＧＰＩＦの現在の基本ポートフォリオに近いものとなっています。

おもしろいのは、どの時代にスタートしても20年の運用成績はプラスになっていることです。ぱっと考えれば「バブルが崩壊した後の10年は株価が下がりっぱなしなのだからマイナスで終わるのでは」とか、「リーマンショック直後がゴールになったらいくら好調な運用収益もゼロになるのでは」と思いますが、やっぱりプラスで終わっているのです。

さらにおもしろいのは、横に並べられている5年積立投資と20年積立投資を比較したときです。「超うまくいかなかったとき」に5年積立のほうがマイナスで終わる可能性が15％くらいあります。やはりバブル崩壊やリーマンショック等に巻き込まれたり回復しきれないで終わる「5年」というのはそれなりに多いわけです。

同時に「超うまくいったとき」で比べると5年積立のほうが圧倒的に高い成績で終わります。年8％以上の成績で終わったケースが40％くらいあり、年12％以上で5年続いたケースも10％くらいあるほどです。20年積立モデルは年8％以上になるケースがないので、違いはかなり極端です。

これはつまり「ブレ幅」が5年では激しいということです。20年積立はある意味、リスクを取った資産の成長率の平均値に収れんしているところがあって、上がったり下がったりする中で堅実に中程度の利回りを確保できているということになります（といっても年5～6％は十分な成績だと思いますが）。

ここまでＮＩＳＡやｉＤｅＣｏで行うために必要となる資産運用の基本的な知識を説明してきましたが、一般的な資産運用のイメージ（短期売買、集中投資）とは異なるスタンスを採用しています。

しかし**「長期投資×分散投資×積立投資」はＮＩＳＡやｉＤｅＣｏで資産形成を行う、ごく普通の個人にとっては、もっとも有効な選択肢**だと思います。

ここで紹介する投資手法には大きな３つの特徴があります。

①誰でも実行可能な投資手法であること
②自動的に実行可能であること
③誰でも安定的な成績が確保可能なこと

いずれも、一般個人が実行可能な選択肢を考えるときに重要な視点です。

そして、これを新ＮＩＳＡとｉＤｅＣｏで実現するのが本書の基本的スタンスです。

第6章

【実践編】NISA×iDeCo活用の基本戦略

ＮＩＳＡとｉＤｅＣｏ、どっちを先にやればいいの？

私はよく**「ｉＤｅＣｏファーストで考えましょう」**と言っています。

ＮＩＳＡとｉＤｅＣｏ、どちらから始めようかと悩んだら、ｉＤｅＣｏを最初にしてみましょうというわけです。

その最大の理由は税制優遇の大きさです。そもそも掛金段階において非課税で積立投資できるというメリットは他にありません。会社員にとって所得控除を得られるチャンスは、これ以外には住宅ローン減税くらいです。

資産形成において、税制優遇のある口座はできうる限り活用したい選択肢です。**もっとも税制優遇の大きいｉＤｅＣｏが活用の第一、ＮＩＳＡが第二**と考えるべきだというのが基本です。

iDeCoのデメリットがむしろメリットになる

確かにiDeCoの枠組みは小さく、中途解約できないという制約はあります。特に2024年からNISAの枠が大幅に拡大することで、「iDeCoなんてやらなくても枠は十分あるんじゃない」という雰囲気になっています。

しかし、むしろ枠が大きく、またズルズルと中途売却の誘惑も増してしまう口座になりかねないからこそ、「崩せないiDeCo」「枠が小さいiDeCo」をファーストチョイスにしてみることをおすすめしたいのです。

iDeCoの枠が小さいことはむしろ「まずは、このくらいの枠を自分の老後のためにやっておこう」と位置づけるためのサイズ感なのだと考えてみましょう。

月1・2~2・3万円というのは、「このくらいの枠は中途解約せずに続けていこう」と割り切るのにちょうどいいサイズではないかと思います。

しかし、中途解約をせずに続けることが、老後のための準備としては大きな意味を持ってきます。

ＮＩＳＡは長期投資で用いてもよし、長期投資で使わないスタイルでもよしと自由度が広い分、使い方が定まらない恐れがあります。人間は解約することができる誘惑に思ったより弱い生き物だからです。実は「一般ＮＩＳＡの5年、つみたてＮＩＳＡの20年まで続けるか」というのはちょうどよい心理的歯止めでもあったわけです。

ｉＤｅＣｏはそもそも解約できないからこそ、20年以上を視野に入れた超長期の積立分散投資を行いやすくなります。

まずは次のように整理をしてみてはどうでしょうか。

①まずはｉＤｅＣｏに加入し、上限まで積み立てる。
②それ以上の余裕がある分をＮＩＳＡで積み立てる。

図22　NISAとiDeCoどっちが先か

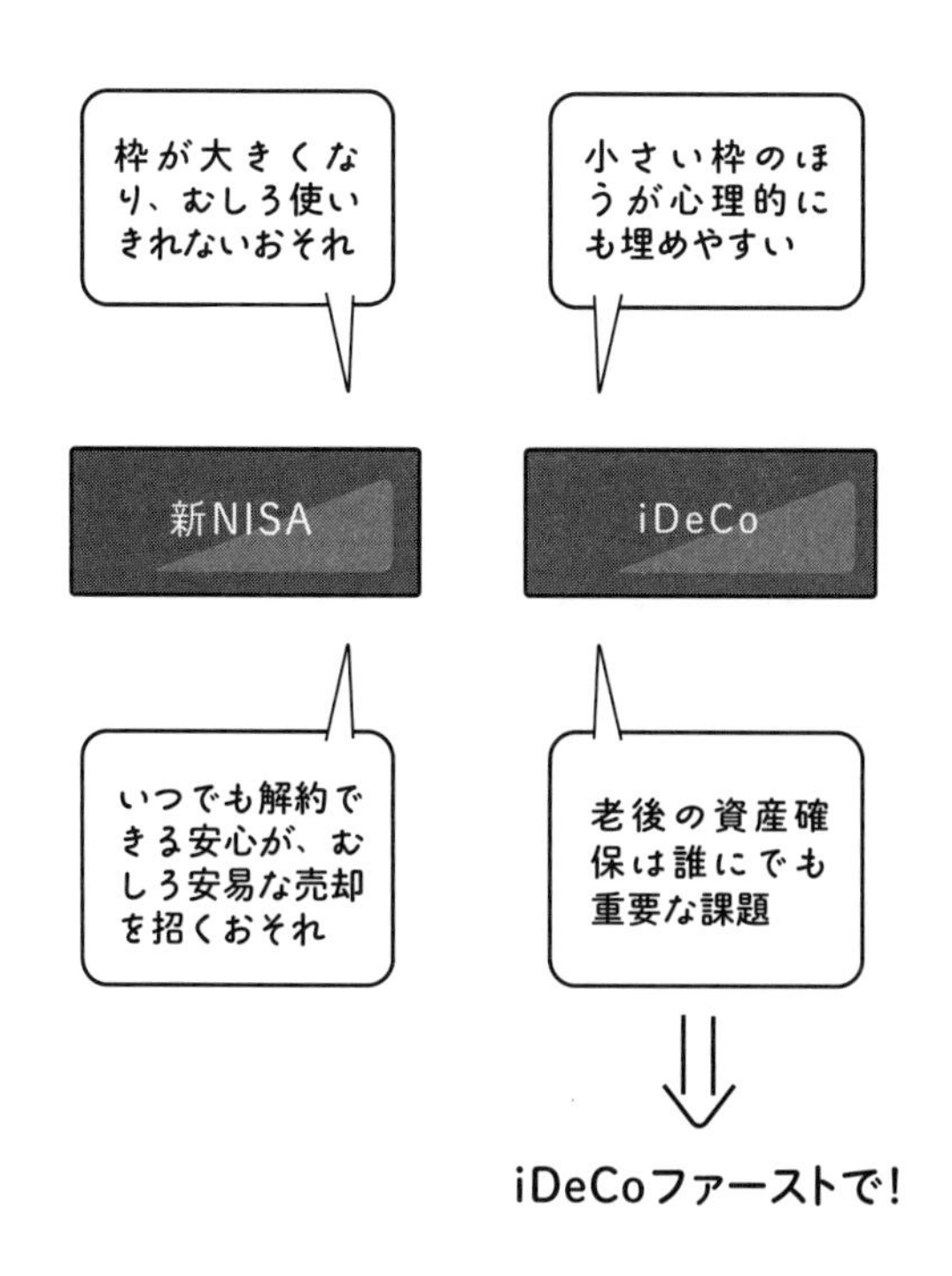

iDeCoは何歳から始めるべきか？

「何歳からiDeCoを始めるべきか」というテーマを加えると、iDeCoはちょっと難しさが加わります。

NISAはいつ始めてもいつだって中断して解約してしまうことができます。資産形成としては振り出しに戻ったとしても、現金を手にすることが簡単なのはマネープラン上のメリットです。

ところがiDeCoは中途解約を原則として認めていませんから（一時金を受け取ることのできる例外規定もかなり厳しい条件）、若い人が「iDeCo口座には100万円あるけど、手元にお金が足りなくて100万円借金している」ということになっては問題です。

理想的には新社会人になったと同時にiDeCoに入りたいところですが、新社会人がｉＤｅＣｏに入るより優先しなければならないのは、「毎月のお給料で借金せずにやりくりする家計の体質づくり」です。

そうなると、家計のやりくりに自信が出てくる25歳以降になってからｉＤｅＣｏを考えればいいということになります。

かといって、**遅すぎるスタートは最終的な積み上がりを減らし、税制優遇のチャンスも棒に振ってしまう**ことになります。例えば50歳でようやくｉＤｅＣｏスタートでは、50歳までの期間の所得控除のメリットは未使用のまま失効してしまっていますし、それ以降の上限いっぱいを65歳まで積み立てたとしても、50歳まで未実行だった分の出遅れを取り戻すことができません。

ＮＩＳＡの場合、２０２４年以降の枠組みは相当大きくなっていますから「50歳になって、年１２０万円あるいはそれ以上のペースで一気に積み立てていこう」ということもできますが、ｉＤｅＣｏはそうはいかないということを覚えておく必要があります。

アラフォーに達した頃（35歳）には真剣に検討を始め、遅くともアラフィフ（45歳）までにはｉＤｅＣｏを始めたいものです。

ＮＩＳＡは何歳から始めるべきか？

次にＮＩＳＡはいつから始めたほうがいいか。

こちらは実にシンプルで**「興味が出たらすぐ」**と言えます。

社会人になっていなくても、**「18歳になったらすぐ」**でもＯＫです。

投資に興味があって、株や投資信託を買ってみたいと思うのであれば、最初からＮＩＳＡ口座を開設して買えばいいのです。

運用益が非課税になるＮＩＳＡ口座を使わない手はありません。

もともとの積立可能な金額が少ないでしょうから、若い段階でのＮＩＳＡ口座での投資が人生に致命傷を与えることはまずありません。ＮＩＳＡではあらかじめリスクの高い商品は除外されているので、現物株、投資信託で投資経験を積むことがむしろ金融リテラシー向上につながります。

株価水準も気にする必要はありません。しばしば「今の株価は買い時なのか」という議論が経済誌等の誌面を賑わせますが、投資をスタートする人にとってはむしろ下げているときに始めたいくらいです。購入後の値下がりが短期的なものだと思えるのなら、プラスになるまで持ち続ければいいのです。

逆に、NISAの口座開設を急がず、自分が始めたいときにスタートしても問題ありません。

iDeCoの利用で気にするような、拠出限度額が低いからこそ早く始めないともったいない、所得控除の税制優遇は使わないと取り逃すだけなので早く使わないともったいない……という心配がNISA口座にはないからです。

利用年齢の上限もないので、65歳を過ぎてから積立をしてもよく、いつ解約をしてもいいという部分もNISAの特長です。

ＮＩＳＡとｉＤｅＣｏの併用戦略はどう考えるか？

ＮＩＳＡとｉＤｅＣｏは、基本的に「併用」を意識して考えるべきです。

政府の方針として税制優遇は重複させない傾向があって、「国民年金基金＋ｉＤｅＣｏ」とか「確定給付企業年金＋企業型確定拠出年金＋ｉＤｅＣｏ」のように非課税枠をシェアしあう制度のほうが多数です。

しかし、ＮＩＳＡとｉＤｅＣｏは同時に開設でき、枠も別途設定されています。重複利用できるメリットを活かさない手はありません。

ＮＩＳＡとｉＤｅＣｏ併用戦略の基本

基本的な併用戦略はこうです。

①まずはiDeCoを満額まで積み立てる

所得控除も運用パフォーマンスの一部と考えると、これを先に確保することが重要です。iDeCoを開設し、積立を満額行います。

▶

②可能な範囲でNISA投資をする

年間360万円の上限など気にしなくてよく、つみたてNISAを続けるような感覚でまずは「年40万円程度」を目指します。可能であれば「年120万円」のつみたて投資枠の達成を目指していきます。

▶

③iDeCoは老後の受取資金と割り切り、長期積立分散投資を継続する

定期的な入金、投資信託を中心とした定額購入を行うiDeCoは、機動的な売買に向いていません。基本的には長期積立分散投資の枠組みだと考え、目の前の株価水準変動は気にせず継続していきます。

▶

④NISAについては自分の拠出ペース、投資意向を踏まえつつ、投資のスタンスを決めて活用する（ただし解約は控えめに）

NISAについては2024年以降は枠が大きくなるので、むしろ自分の積立ペースを意識し利用と継続をすることが大事になります。ただし安易な売却、出金をしないようにします。

ここまでNISAとiDeCoの違いをみてきましたが、商品性の違い（NISAは個別株が買える）、解約条件の違い（iDeCoは解約が困難）、枠の大きさの違い（iDeCoは枠が小さい）、税制優遇の違い（iDeCoは所得控除がある）、を踏まえて考えれば、NISAとiDeCoは併用にこそ意義があると思います。

もうひとつの併用戦略
——夫婦ダブルで「NISA×iDeCo」の4口座戦略

NISAやiDeCoは個人口座として開設され、ひとり1口座ずつしか持てません。iDeCoを1つ、NISAを1つ持つことが上限です（企業型の確定拠出年金と

図23　NISAとiDeCo併用戦略の基本

NISAとiDeCo、併用戦略の基本

基本1	iDeCoを満額積み立てる
基本2	次にNISAで可能な範囲の投資をする
基本3	iDeCoは老後の受け取り資金と割り切り 長期積立分散投資でいく
基本4	NISAは拠出ペース、投資意向を踏まえて活用

個人型確定拠出年金であるiDeCoは同時に加入可能)。

せっかくの非課税投資口座ですから、できればたくさん持っておきたいところです。夫婦であれば「合計4つの非課税投資口座」を確保することができます。

夫：NISA口座、iDeCo口座
妻：NISA口座、iDeCo口座

このようにそれぞれ作ればいいわけです。

この場合、注目したいのはiDeCoです。

NISAは限度額が2024年以降大きく拡大しますから「私ひとり分でもわが家には十分」ということがありえます。つみたてNISAの場合「年40万円×2人分で夫婦で2口座使いましょう」でしたが、「つみたて投資枠だけで年120万円」あれば、一般的な夫婦であれば投資枠として十分だからです。

さすがに「夫婦で2つのNISA口座、元本3600万円まで投資するぞ!」という家庭は多くはないはずです。

しかし、iDeCoは拠出限度額が小さい一方で、所得控除のメリットが得られますから、こちらは「絶対に夫婦それぞれ上限まで積み立てておこう」と考えるほうに合理性があります。

共働き夫婦であれば節税のインパクトも2倍！

所得控除に伴う税制優遇のインパクトが2倍になるのも、共働き夫婦にとってはありがたいことです。月2・3万円積み立てられる人が、実質20％の税メリットを得ているとしたら年5・52万円の節税になっています。しかし夫婦で2口座もっていれば、11・04万円の節税が毎年確保できます。

所得が高い場合、30％相当の税率になっていることがありますが、この場合だと年8・28万円、夫婦なら年16・56万円の節税を毎年得られることになり、さらに節税のインパクトが大きくなります。

共働き夫婦（特に正社員の共働き）の場合、現役時代かなりの税負担となっています。これを毎年節税しつつ、自分の未来に所得が下がったときに課税する仕組み（退職所

得控除も2人分得られるので、うまくいけば全額非課税の受取となることも）を設けることは極めて賢い選択です。

これはまた、夫婦が忙しくしている中で、老後資金準備を確保するよい方法にもなります。それぞれの厚生年金、それぞれの退職金、そしてそれぞれのｉＤｅＣｏを満額積み立てておけば、確実に「老後に２０００万円」以上の確保になり、将来不安は大きく軽減されることになるからです。

ただし、夫婦といえど、入出金口座はそれぞれの名義で開設する必要があります。

また運用の指図等は本人が行わなければなりません。情報を共有したり、運用方法をアドバイスするのはかまいませんが、どちらかが２人分の売買をひとりで勝手に行っているということは避けておきましょう。

「え、私は投資に詳しくないから、口座は作らない」と言われてしまった場合、積立投資信託を活用すれば大丈夫です。最初の投資方法だけ夫婦でコンセンサスが得られれば、運用指図を一度行うところまで手伝えばよく、あとは自動的に資産形成が回り始めるからです。

4口座より多く開設は可能か？

NISAやiDeCoの口座をファミリーが3つ以上持つことはできないでしょうか。

まずNISAは年齢制限がないので、同居の親がいればその分も開設することができます。iDeCoも20歳以上であれば学生でも口座開設できます。

とはいえ、2024年以降のNISAであれば限度額も大きいため、老親の分まで子どもが作る必要性は高くないと思われます。

同様に、成人した子のNISA口座を親が代わりに作って親がお金を入金するというのも、あまりいい方法とはいえません。

成人した子にはむしろ、自分自身で投資をしてみる経験を積ませ、それを人生の財産とさせるほうに注力してみてはいかがでしょうか。

そうなると、**夫婦の上限は「iDeCo2口座、NISA2口座」**となります。この4口座を上手に活用していきましょう。

ＮＩＳＡとｉＤｅＣｏ、毎年いくら積み立てるか？

ＮＩＳＡとｉＤｅＣｏの活用戦略の最後は**「いくら積み立てるか」**です。

理屈上は、月30万円以上の投資枠があります。

まず、ｉＤｅＣｏが法定の満額が積み立てられます。自営業者等は月６・８万円（年81・６万円）までの枠があり、会社員等は月１・２〜２・３万円（年14・４〜27・６万円）の枠があります（詳しくは第3章を参照）。

２０２４年以降の新しいＮＩＳＡ制度では、つみたて投資枠が**月10万円（年１２０万円）**あり、成長投資枠が**月20万円（年２４０万円）**あります。

ただし成長投資枠については、累計で１２００万円を超えることができませんので、ベースとしてのつみたて投資枠を時間をかけて積み立てていくほうがいいでしょう。

いずれにせよ、２つの制度を使えば「枠の上限」はあまり気にする必要がありません。そして上限が気にならないほど大きいがゆえに、現実的な積立のイメージがつかみにくくなります。具体的に「iDeCoを満額」「つみたてNISAにあたる年40万円」を埋めるという感覚をもってスタートすることをおすすめします。

あなたは年間どれくらいの積立ができるか？

NISAやiDeCoにいくら積み立てるべきかという設問は、2つの問題を先に検討する必要があります。つまり**「そもそもいくら積み立てられるのか」**という制約と**「そもそもいくら必要なのか」**という計画です。

まず第一の制約となるのは、**「自分自身がいくら出せるのか」**という問題です。例えば、iDeCoに年27・6万円、NISAには年36万円くらい積み立てしたいなと思ってみても、そもそも年間63・6万円の貯蓄余力がなければそれは実行できないことになります。

年収の1割を確実に貯められるとすれば、年収が636万円ないと年63・6万円を貯められません。あるいはそれ以上稼げばもっと積立できることになります。

節約の力量も影響します。同じ年収636万円でも、貯蓄率が5%くらいしかない家計であれば年31・8万円しか積立ができないことになります。

リテラシー編で考えたとおり、「しっかり節約すること」により投資に振り向けるべき金額を増やすことができます。

NISAやiDeCoの活用は、日々しっかり働くことと、無理なくムダなく出費することからスタートしていることを改めて確認してみてください。

必要となるお金はいくらなのか?

第二の計画も重要です。「なんとなくNISAをやろうか」では、具体的な毎月の積立額も決まりません。やみくもな積立は続けるのも辛くなります。実際に将来必要な額をイメージできれば、毎月必要な積立額が計算できます。

できる限り必要額をイメージし、現実的な運用利回りを想定し、そのための必要額を設定していきましょう。

とはいえ、人生にはお金のかかるマネープランが目白押しですから、「とにかく始める」「とにかく貯め続ける」という意識がある人は、どんどん始めてもかまいません。

少なくとも、ゴールのイメージがなくても積立投資をしている人は、していない人より何倍もベターな選択ではあります。

ただし、ゴールをまったく考えない資産形成というのは、お金を増やすことだけが目的のマネーゲームになってしまいがちなので、注意が必要です。

逆にとりあえず積み立てているけれど、金額が少なすぎる人もいます。これはゴールを過小評価していることになり、実際にそのときになってみて足らないことになります。ウェブにはシミュレーターもたくさんありますので、活用してみましょう。

少なくとも、ライフイベントと標準的な金額くらいはイメージして、「とりあえず老後に2000万円くらいをイメージしてスタートしようか」「とりあえず、子どもの学費準備の半分、500万円くらいは準備していこうか」というようなイメージが欲しいところです。

とりあえずの目安としては年収の10%、できればそれ以上を積立（積立投資と積立定期預金等との合計）に回していきたいところです。

第7章

【実践編】4ステップでできるNISAとiDeCoの始め方

ステップ①金融機関を選ぶ

それでは、NISAやiDeCoを実際にスタートするために必要な4つのステップをひとつひとつ見ていきましょう。

最初のステップはNISA口座、iDeCo口座の開設です。第2~3章で開設の基本について触れましたが、ここでは実際の金融機関選びについてもう少しだけ補足しておきます。

銀行系にするか、証券会社系にするか？

NISAは、多くの金融機関が取り扱っています。

iDeCoも同様に、多くの金融機関が取り扱っています。

図24　4ステップでNISAとiDeCoを始める

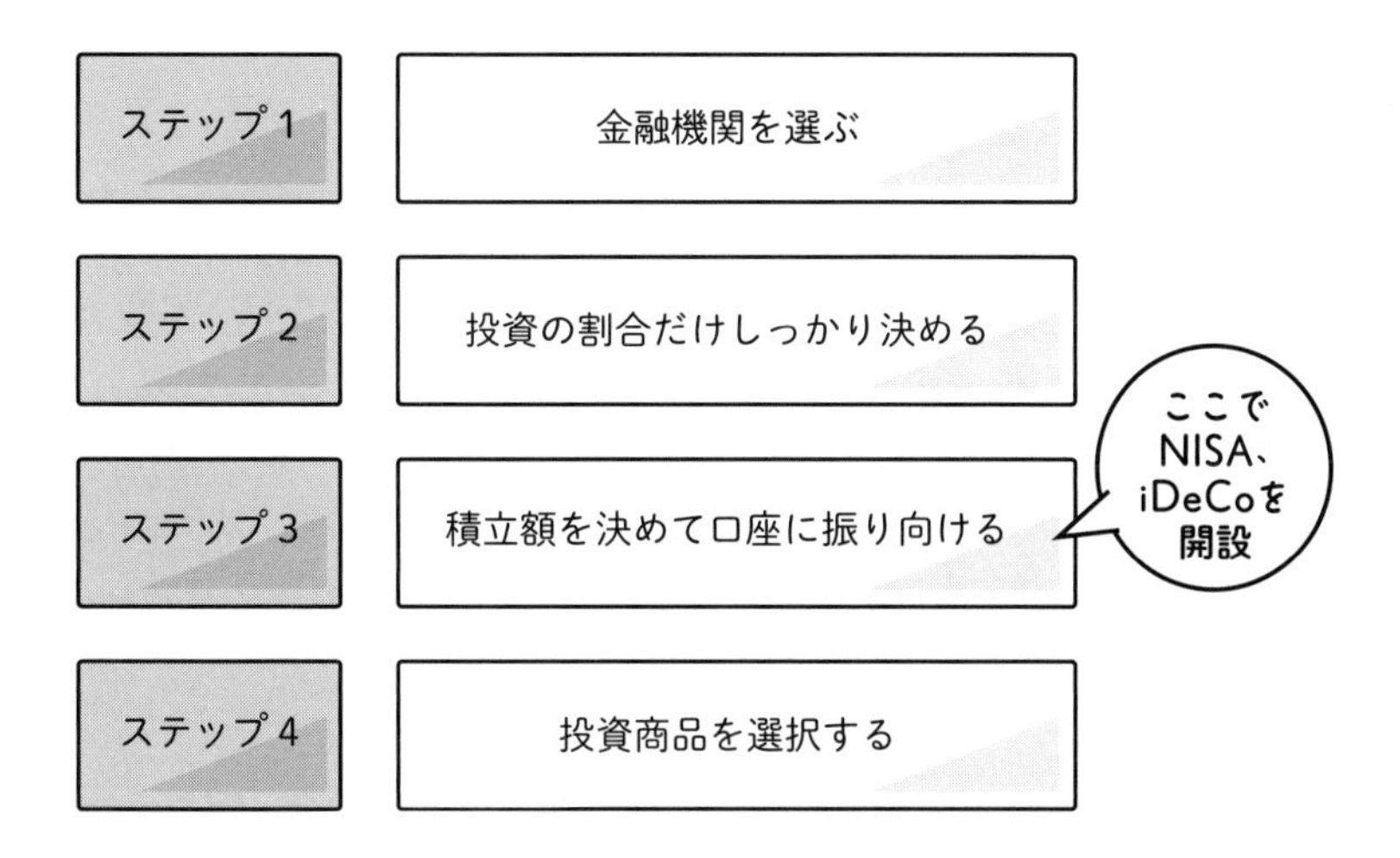

一方で、選択肢が多すぎて選べないという問題があります。

iDeCoのほうでは、「口座管理手数料無料」と「運用管理費用が低い」で10社程度に絞り込めることを紹介しました。

NISAのほうはどうでしょう。こちらは**「つみたてNISAの取扱商品数（2024年以降はつみたて投資枠）」**に着目してみましょう。

取扱商品の規制が設けられているつみたてNISA（新NISAのつみたて投資枠枠）は対象商品が現在230本ありますが（2023年6月）、SBI証券や楽天証券などはほぼすべてを対象とする一方、三菱UFJ銀行などはそのうち12本のみを取り扱っています。

「全部あり」の口座がいいか、「厳選」の口座がいいか、自分の選びやすさで考えてみましょう。10数本の方が選びやすくなる一方、厳選する金融機関は自社グループの商品のみという傾向もあり悩ましいところです。

NISAとiDeCo、違う金融機関でもいいか？

ＮＩＳＡとｉＤｅＣｏをそれぞれ違う金融機関で口座開設することには何の問題もありません。それぞれサービス本位で選びましょう。

むしろカギとなるのは**「引き落とし口座」となる銀行**のほうかもしれません。定期的な積立投資がつつがなく行われることが重要で、つみたてＮＩＳＡ（及び２０２４年からのＮＩＳＡのつみたて投資枠）およびｉＤｅＣｏについては、引き落とし日に残高不足があると引き落としがされないまま終了し、再引き落としは基本的にありません。

そうなると、どちらも**給与振込口座を指定しておくほうが無難**ということになります。ただし、ＮＩＳＡのほうは、クレジットカードからの引き落としに対応する証券会社もあり、この場合は引き落としそのもののミスはなくなり（利用限度額に達していなければ）、さらにポイントを得られることもあります。

いずれにせよ、引き落としミスが資産形成のジャマをすることのないように口座を連携させましょう。

ステップ②投資の「割合」を決める

ところで、個人の資産運用にとってもっとも重要なことはなんでしょうか。
「投資信託を選ぶこと」でも「安値で買うタイミングを狙うこと」でもありません。
それは、ずばり**「全財産の何割を投資に回すか」を自己決定すること**です。
といっても、難しく考える必要はありません。

「安全資産を5割くらい持ちつつ、投資を5割くらいの財産でやってみたい」
「自分は安全資産はほとんど持たなくてもいいので、全額を投資に振り向けよう」

誰でも、なんとなくこんなようなイメージを持っていると思います。
それを具体化させていくのは実はとても重要なことなのです。

最初に決めた「投資の割合」が最大のリスクコントロールになる

簡単なことのようですが実はこれ、**あなたにとって「最初」に決定する、かつ「最大」のリスクコントロール方法**となります。

今、5割ずつ安全資産とリスク資産を持つ例をあげましたが、定期預金や普通預金といった資産もまた運用の一部です。これは、「低利回りだがマイナスにならない」という性格を持つ運用商品であるからです。

これを持つことで資産全体での元本割れリスクを確実に抑えることができます。あなたの全財産をまず考え、そこから投資割合を考えることが重要です。

財産の半分を定期預金にしておくというスタンスを決めてある人は、どんな大暴落がやってきたとしても資産の半分は保全されることになります。ただし財産の半分はほとんど増えていきません。

一方で、財産の半分はリスクを取っているわけですから、資産の成長がみられればあなたの財産は確実に増えていくことになります。ただし、その割合はあくまで半分です。投資で10％増えたといっても「財産全体ではプラス5％増えた」と考えるわけです。

逆に振れた場合はどうでしょうか。〇×ショックで投資資金が30％マイナスになったとしても、「全財産としてはマイナス15％」ですみます。

投資割合を先に決めることで、いいときも悪いときも投資を続けられるよう、イメージを作ることができるのです。

公的年金運用の実績をみつつ「年4％」がリスク資産の運用収益だとした場合、投資割合と資産の増減の影響は左図のようになります。もうひとつ、分散投資でもリーマンショックの年度に記録したマイナス7％となった場合もみています。

どうでしょうか。数字を見ると自分なりの投資イメージがわいてくると思います。

何割投資するかに、汎用的な正解はありません。**ひとりひとりが自分自身の取りうるリスク、取りたいリターンの兼ね合いの中から「投資割合」を決めていきましょう。**

自分で投資割合を決めたことで、自分の運用資産が大きく上がっても下がっても、「納得」のいく運用が続けられるようになるのです。

図25　投資割合の決定

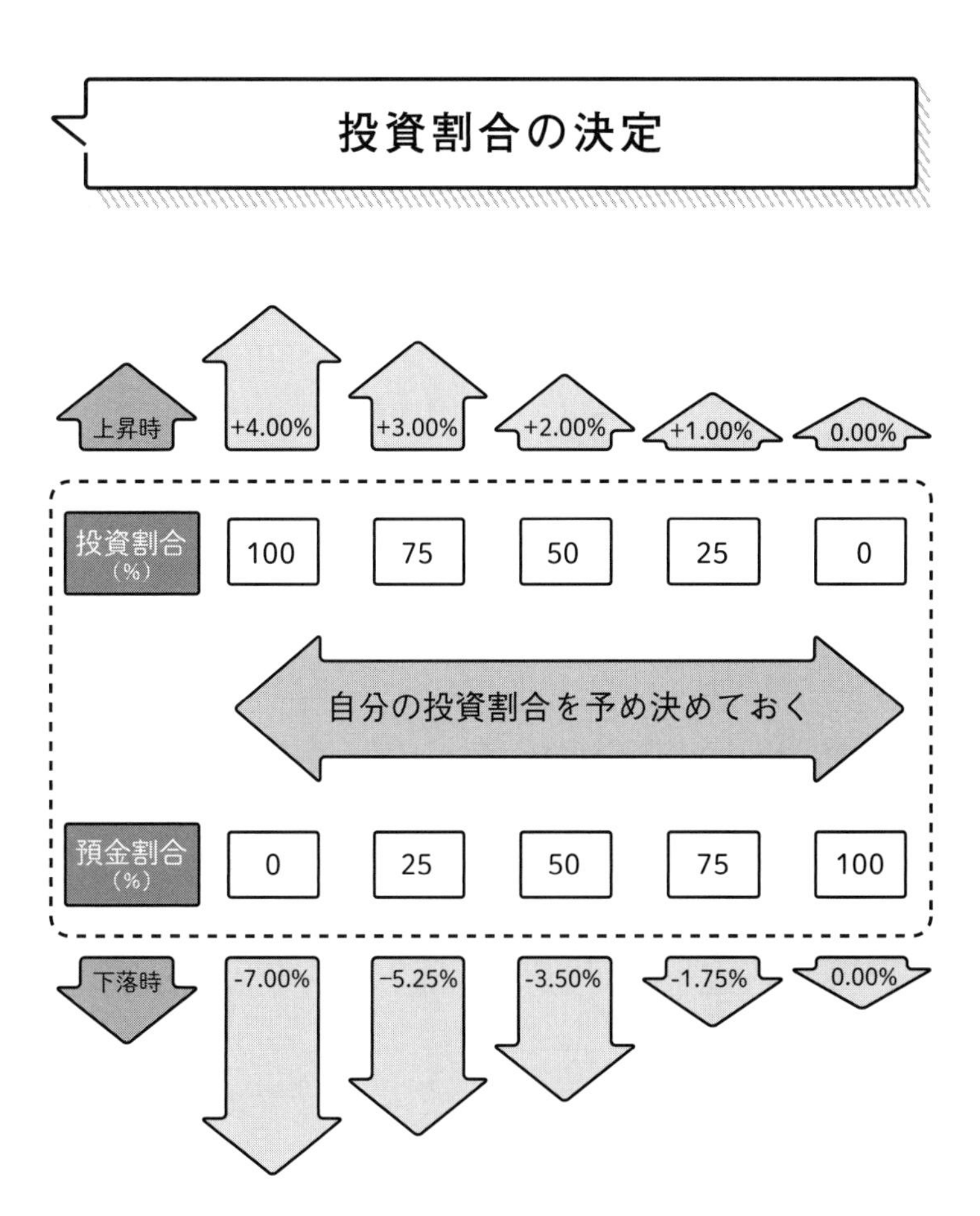

投資割合の決定
上昇時
+4.00%
+3.00%
+2.00%
+1.00%
0.00%
投資割合（%）
100
75
50
25
0
自分の投資割合を予め決めておく
預金割合（%）
0
25
50
75
100
下落時
-7.00%
−5.25%
-3.50%
-1.75%
0.00%

ステップ③　積立額を決めて口座に振り向ける

第3のステップは**積立金額の決定**です。すでにNISA×iDeCoの基本戦略の部分やリテラシー編でも考えましたが、ここのパートでは、家計管理（節約）の取り組みや、ライフプランの明確化が重要になってきます。

必要な額が分かったら資産運用シミュレーションしてみる

必要な目標額がイメージできている人は、毎月の積立額を試算運用シミュレーションで求めることができます。具体的には**「初期元本（ゼロでもいい）」「積立期間」「積立額」「運用利回り」「最終積立額」**の5要素のうち4要素を決めれば残りは計算で求められます。

シミュレーションは金融庁、金融広報中央委員会などのサイトが便利です。NISAやiDeCoを取り扱っている金融機関のサイトにも同様のシミュレーション機能が用意されていることもあり、一部の金融機関では実際の資産状況を反映した未来のシミュレーションができることもあります。

運用収益（利回り）については、**全額投資の場合で年4%、半額投資の場合で年2%くらい**を設定するといいでしょうか。あまり高い数字を入れたシミュレーションは、未達の場合の乖離（かいり）が大きくなるのでご注意ください。

必要な額が分からない場合の積立額の決め方

積立額の決定は「いくら必要になるから」という計算アプローチと、「いくらなら出せるから」というアプローチがあります。

まずは積立額の決定において、目安でいいので設定しましょう。

①年収の一定割合を目標に定めるアプローチ

今までほとんど資産形成をしてこなかった人は、**年収（手取りではなく）の1割以上**をまず想定してみましょう。これを16で割り、月単位でその12を、ボーナスから3回分ずつを貯めると計画しやすくなります。

年収500万円の人であれば月3・125万円、ボーナスごとに9・375万円ですから、つみたてＮＩＳＡの月3・3万円と、ボーナスごと10万円（区切りがいいほうが分かりやすい）のように具体化できます。

家を買ったり教育資金準備を本格的に行う場合は、年収の15～20％を目指したいところです。

年収の25％を超えてくるとかなり本気で家計管理をしないと難しいと思いますが、もし実行できれば、未来の経済的不安はほぼ解消させられる力があります。

②とりあえず口座の上限枠を埋めていくアプローチ

どうしてもライフプランを後回しにしたい場合（あるいはまだイメージができない場合）は、**「iDeCoの満額＋つみたてNISAの満額」**をまずは想定してみましょう。月2・3万円積み立てられる立場であれば、年27・6万円＋年40万円となり、資産形成としてはまずは悪くないペースです。先ほどの年収比でいえば年収600万円の10%くらいに相当します。

ただし、教育資金準備や住宅購入資金準備であれば、これにもう少し上乗せし、その分は定期預金の積立も併用していくといいでしょう。

夫婦であればダブルiDeCo、ダブルNISAを目標に据えるのもいいと思います。それぞれがそれぞれの年収からこのペースで資産形成をしていけば、新制度の年120万円ペースに近づき、教育資金準備や住宅購入資金準備も視野に入れた資産形成として有効な枠となってきます。

とはいえ、イメージがないまま積立を継続するのはしんどいことになりますから、ライフプランやマネープランのイメージづくりはどこかでやっておきたいところです。

ステップ④ 投資商品を選択する

最後のステップが**「商品選択」**です。

私たちはついつい、商品選びを先にしてしまいます。「テレビや雑誌で紹介されていた○×ファンドがいいらしい」というほうが先にあって、購入金額は適当に決めていないでしょうか。「とりあえず30万円くらい買ってみよう」とか、そういう感じです。

こういう買い方をする限り、長期投資にはならないし、積立投資もうまく設定できません。**長期的な視点を考えれば考えるほど、商品選びよりも「投資割合」と「積立額」の決定を先にし、そのためにNISAやiDeCo口座の選択をしなければなりません。そのうえで、最後に商品を選ぶようにしたいものです。**

投資商品選びを簡単なチャートにすると、左図のようになります。

図26　投資商品選びのチャート

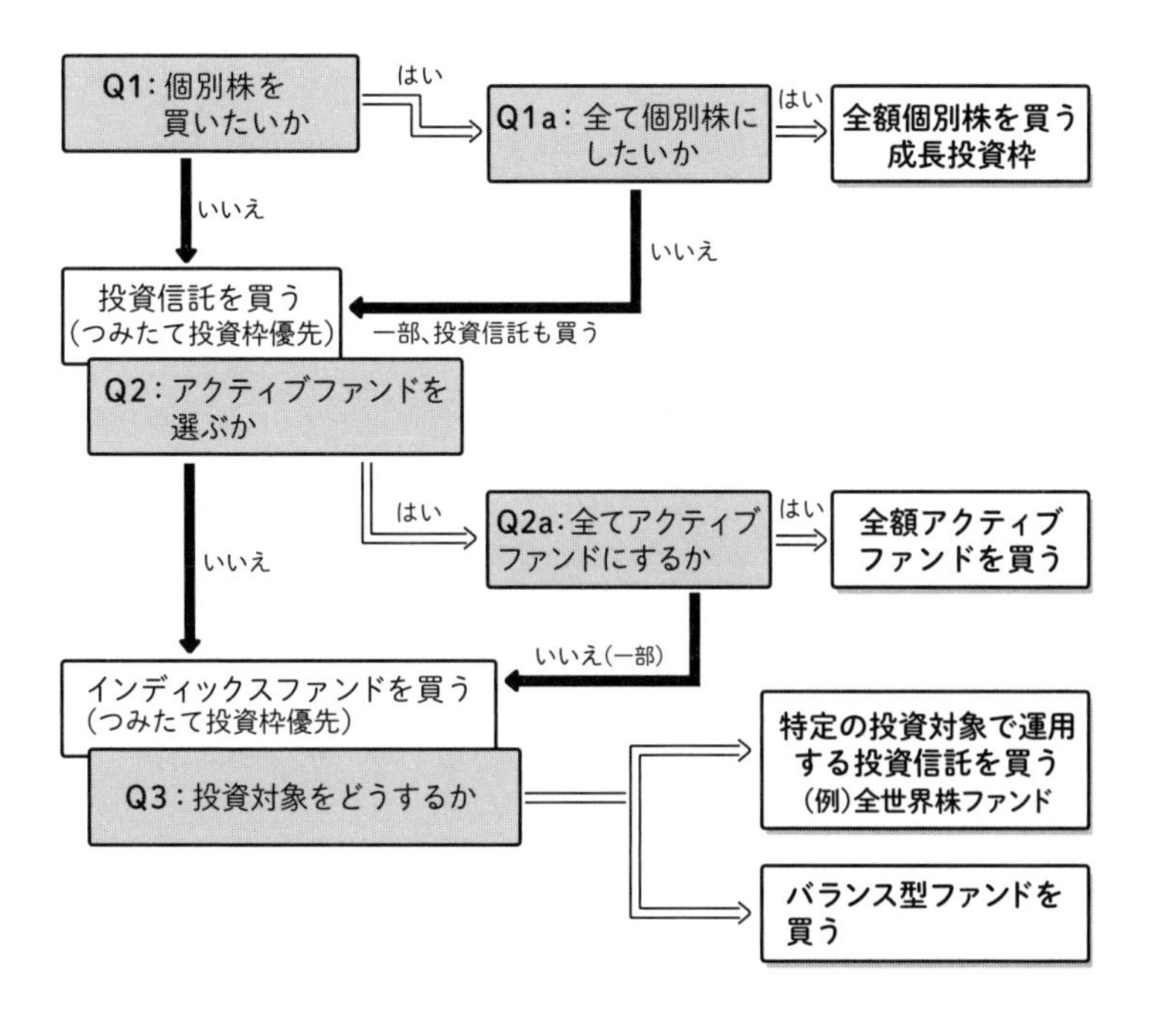

リスク運用を行うウエートについて、もっとも簡単な商品選択方法は、チャートでいえば一番最後の**「バランス型ファンドを買う」**に投資金額すべてを投入する方法です。

とはいえ、チャートではそこに至るまでにいくつかの決断を整理しました。「個別株を買う」「アクティブファンドを一部買う」のような形で他の投資商品も組み入れてみるのもいいでしょう。

実際のところ、私は**インデックス運用のバランス型ファンド**のみでOKだと思いますが、そこはお好みです。

バランス型ファンドの絞り込み方

ここではバランス型ファンドを絞り込む方法を考えてみます。

まず**バランス型ファンド選びにおいて最大のポイントは「コスト」**です。これはすでに指摘しているとおりです。とりあえず年0・5%以下でフィルタリングをしてみましょう。投資信託の比較検索サイトが便利です。「つみたてＮＩＳＡ対象（２０２４年以降はＮＩＳＡのつみたて投資枠対象）」という絞り込みがあればそれも活用してください。ウェルスアドバイザー（ヤフーファイナンスにもデータ提供）、つみたてＮＩＳＡナビなどが有名です。

また、資産配分が異なる3〜5種の投資信託を並べているバランス型ファンドのシリーズについては、株式投資比率の高いものを選びます。３種のバランス型ファンドのシリーズがあったとき、債券投資比率が高いもののほうが運用コストは低いことがありますが、そこは株式投資比率の高いほうを優先します。

そうすると、一見候補が多いようにみえて、実際には数十本のファンドに絞られてきます。その先は「運用コストを年０・２％以下に絞り込む」などしてみるといいでしょう。

「国内外株式のインデックス・ファンドのみ」というチョイスはありか？

近年、アメリカの代表的株価指数であるＳ＆Ｐ５００をインデックスとした投資信託、全世界の株式を指数化したものをインデックスとした投資信託が人気を集めています。

これらは株式投資オンリーで運用することになります。バランス型ではなく「投資地域」で絞り込みをかけてみると検索できます。

国内外の株式へ投資をするなら以下のファンドなどが候補となります。

SBI・全世界株式インデックス・ファンド
たわらノーロード 全世界株式
eMAXIS Slim 全世界株式（オール・カントリー）
eMAXIS Slim 全世界株式（3地域均等型）
Smart-i Select 全世界株式インデックス
SBI・V・全世界株式インデックス・ファンド

いずれもバランス型ファンドを回避してシンプルに株式のみで運用したいのであれば活用してもかまいません（2023年6月現在の情報による）。

バランス型ファンドは複数のアセットクラスへ同時に投資するがゆえに、「この投資対象は必要ない」という個人のニーズには応えられないところがあります。例えば「国内債券など保有したくない」のような希望がある場合などです。

こうした場合は「預金：投資」の割合は検討しているわけですから、投資部分は好みのファンドを集中的に買ってもかまいません。

一方でバランス型ファンドは個人の好みを排して分散投資を粛々と行っているという性格もあり、数割程度の債券保有は受け入れるという考え方もあっていいと思います。

この場合、株価上昇時には若干値上がり幅が抑えられますが（債券保有部分は急上昇しないため）、**リーマンショック級の強烈な下げ相場がやってきたときの最大下落率がぐっと小さくなります。過去、公的年金や企業年金が最悪の相場でもマイナス10％程度で踏みとどまっているのは、債券を一部保有していたからです。**

全世界株式、あるいはS＆P５００で運用するファンドを買う場合も「全世界株ファンド＋バランス型ファンド」のような組み合わせも一考してみてください。

第8章

NISA×iDeCoのメンテナンス術

運用は軌道修正が「ときどき」必要

資産運用について、本書はできるだけほったらかしで、良好な運用結果を得られる投資スタイルを提案しています。長期積立分散投資を行うことにより、毎日株価をチェックするような負担からは軽減されます。

とはいえ、ノーチェックで何年もほったらかしでいいというわけではありません。やはり「ときどき」は運用の現状を把握し、問題点を抽出、必要に応じて運用の見直しをかけていくことが大切です。

まずは自分なりの「ときどき」の区切りを決める

最初に考える問題は「ときどき」の頻度です。いったいどれくらいの頻度で運用状況をチェックしてメンテナンスするべきでしょうか。

一般的なiDeCo口座は、年に1ないし2回の運用報告書が郵送されてきます（電子的な交付を希望していない場合）。これを見直しのタイミングとすれば**「年2回」**になります。年2回は悪くはないタイミングです。

でも、個人の運用においては年2回チェックしなくてもなんとかなります。

これより頻度を低くするとすれば**「年1回」**になります。基本的には年に一度くらいの運用状況のメンテナンスは考えたいところで、ここが最低ラインとなります。

年に1回とした場合は、自分が実行しやすいタイミングを考えることも必要です。一般的には「12月末」もしくは「3月末」が検討のタイミングということになります。

年に一度ですから、Googleカレンダーに記入する、スマホのリマインダー機能を使ってアラートを自分に送るなど、忘れないような工夫をしておくと理想的です。

運用状況を確認する

運用状況は、紙もしくはウェブ経由での運用報告書をチェックします（紙を希望しない場合ウェブのみとなる）。証券口座は必ず運用報告のチェック画面がありますし、iDeCoは前述のとおり紙のレポートが発行されます（こちらも紙の発行を希望しない場合ウェブのみとなりますがほとんどは紙で発行されている）。

ウェブならいつでもどこでもチェックできますから、「あー、そういえばチェックしようと思って忘れてたな」のようなタイミングで、いきなり通勤電車の中で確認することもできます。

運用状況の確認は「あっさり」行いましょう。 緻密（ちみつ）にやろうとすると項目が増え、時間がかかり、ものによっては自分で再計算が必要になるなど、「結局やらない」になる可能性が高まるからです。

例えば、積立投資においては、**「年換算利回り」**を知りたいところなのですが、これに対応しているアプリや運用報告書はほとんどありません。

年換算利回りというのは、毎月コツコツ積み立てた分をそれぞれの期間に応じてきちんと計算しなおしたものです。公的年金運用や企業年金運用ではこれを計算するのが一般的ですが、これを表示する機能は、企業型の確定拠出年金とiDeCoぐらいしかありません（一部のiDeCoなど非対応のところもある）。表示される人はぜひ年換算利回りをチェックしてみてください。

そこで、最低限チェックしたいのは**「今いくらになっているか（時価評価額）」**で、できれば把握したいのは**「いくら入金をしたのか（元本の増加額）」**です。現在高については時価で評価するのが鉄則で、上がっていても下がっていても、それをありのままに把握することが大切です。

時価が下がっていたときどうするか？

このとき、時価がずいぶん下がっていたことに気がつくこともあります。

「前回のチェック時より資産残高が減っている（積み立てているのに）」とか「元本の累計額より運用の時価が下回っている」というような状態です。

そのほとんどの理由は株価の下落によるものです。

運用はお金を増やすための取り組みですから、マイナスの状態は失敗と考えられます。**しかし、それは「最後に運用を終わらせたとき」に考えればいいことです。あまり焦らないことが大切です。**

特に老後資産形成も含めて資産形成をしている20～50歳代（場合によっては60歳代も含む）は、一時的なマイナスにパニックになることはありません。

……とはいうもの、ここはメンタル管理が難しいところでもあります。

何度かお話をしていますが、投資経験が浅いかゼロからスタートする場合、お金もゼロ円からの積立スタートで少額の積立を心がけましょう。１０００万円で初体験した「○×ショックのマイナス30％（つまり含み損３００万円）」は心臓が止まりそうになりますが、毎月1万円積立の1年目なら、それほど焦る必要はありません。「10万円の元本が7万円になっている状態か」と思って乗り越えることができます（それでも多少は焦りますが）。

投資経験を10年も蓄えると、何度か「○×ショック」を経験し、暴落した市場が回復してくる姿を目の当たりにします。最初は1万円の値下がりにびくついていたものが、10万円の値下がりも怖くなくなってきます。

まさに経験が力となってくれるわけです。

初心者は、値下がり時に投資状況を把握するとき、次の2つのルールを心がけましょう。

ルール①下がっているときに焦って売らない
ルール②積立投資は継続する

ルール①下がっているときに焦って売らない

値下がり時に焦って売ったとしたら、それより値下がりした時期に買い直さなければ損失を取り戻すことはできません。しかし一度売ってしまった人にそんな投資行動は無理です。損失がそこで確定してしまいます。

投資信託で運用しているのなら、焦らず市場の回復を待ちましょう。

ルール②積立投資は継続する

そして積立投資は継続していきます。株価低迷時期に積立投資を継続することは、あなたの資産形成においてはチャンスと捉えることができます。もし今が値下がり時期で将来回復が期待できるとしたら、株価が下落している時期に行った積立投資の新しい資金は「安く」買えたことになるからです。

運用の見直しは「自分の運用方針とのズレ」で考える

さて、運用のメンテナンスですが、そもそもでいえば最初の「メンテナンスが必要か不要か」で選択肢は2つに分かれます。そのうえで見直しが必要になった場合は、いくつか見直しのアプローチが分かれます。図27のチャートをご覧ください。

最初の分岐ですが**「現状は確認した。このままの積立投資を継続しよう」**というものです。多くの場合は、この「現状確認したら終了（継続）」ということになると思いますが、それはそれでOKです。これはこれで現状のチェックが行われ、かつこのままのスタンスでの継続に問題なし……としたわけで重要なステップです。

次の選択肢の分岐は同時に実行することもありますが**「資産配分を見直す」**視点と**「毎月の積立額を増額する」**という視点です。

図27　運用見直しチャート

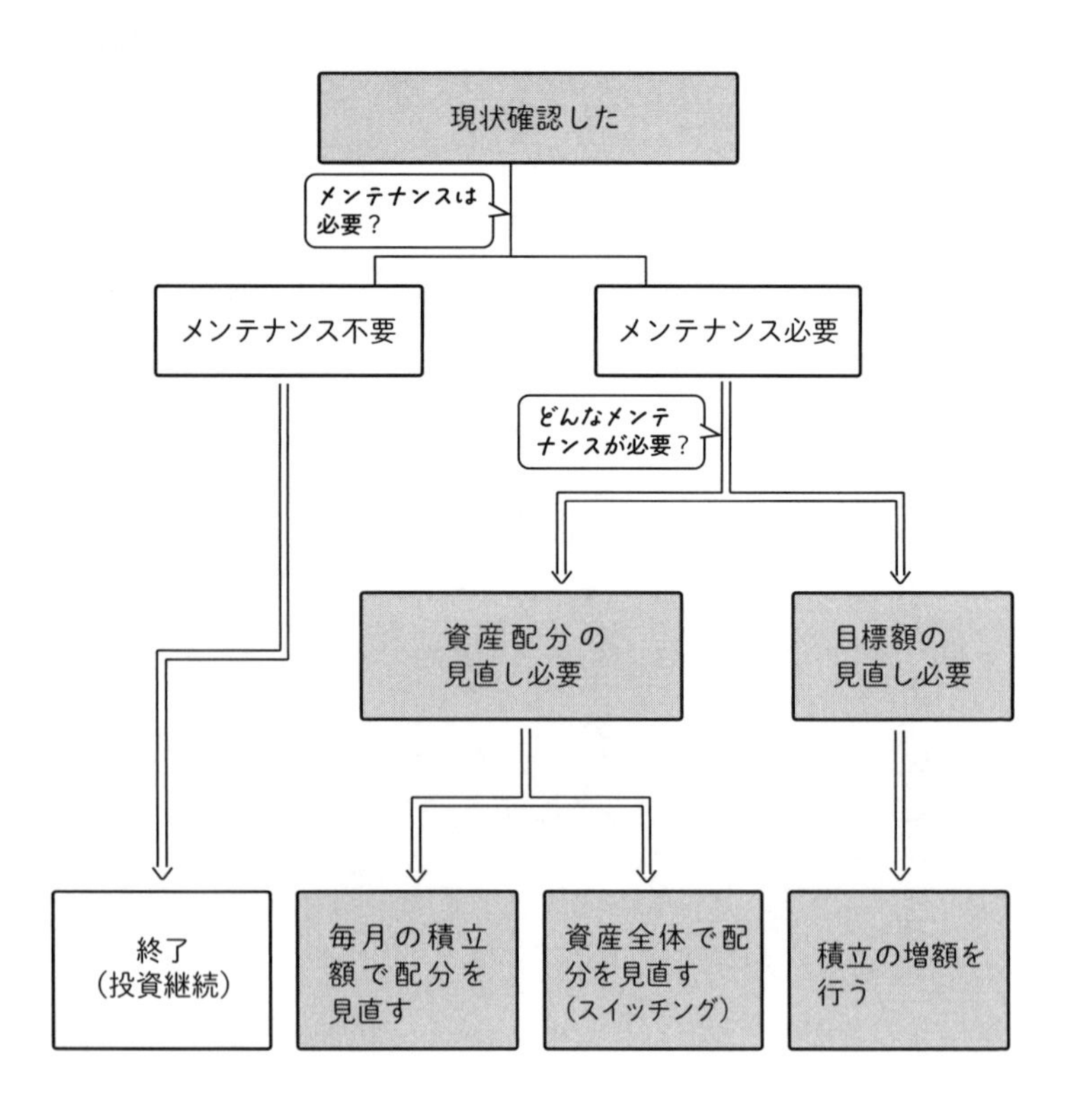

先に積立額の増額を説明しておくと「将来に必要な額がもっと増えた」「年収増などにより毎月の積立余力が増えた」場合などがこれに該当します。物価上昇の続く昨今、将来の必要額が増額することに注意して増額も検討してみてください。

資産配分の見直しのほうは「自分自身の運用方針」を軸に判断します。

ここでは「株価が高くなっているから利益確定」のように、市場に判断を委(ゆだ)ねないのが重要です。

「自分としては『預金5：投資5』くらいがリスクを取る上限だと最初に計画していたら、思った以上に株価が上がっていて『4：6』になってしまった。だから『5：5』に戻しておこう」

このように自分自身（と自分が決めた方針）に判断材料を求めるようにします。

自分自身の年齢（リタイア生活が近づいている）やライフプラン（住宅購入資金分は利益確定させておきたい）のほうに売却したい理由がある場合も、運用を見直す合理的な理由となります。

いずれにせよ、**「マーケット」ではなく「自分自身」に運用の見直しが必要な理由を求めるよう意識してみると、運用の見直しはスッキリします**（その後の株価がどう動こうとも納得できます）。

「全額売る」ではなく部分的に売るのがコツ

さて、こうした見直しを検討すると「部分的に売る・買う」ことになります。資産600万円の人が「預金4：投資6」を計画にしていたところ運用が好調で「預金240万円：投資360万円→420万円」と増えたとします。

「240万円：420万円」の比率で見た場合、「36：64」と投資比率が大きく高まっていますから「4：6」の割合に戻すのが「自分」を中心にした見直しです。つまり「264万円：396万円」がちょうどいい比率ということとなり、投資信託を24万円くらい売るわけです。

個人の場合、あまり厳密にしなくてもいいので「260万円：400万円」のようなキリのいい数字にしてもかまいません。

それよりも重要なのは**「全額売り！」とか「全額買い！」のような見直しをしない**ことです。

投資といえばついつい全財産をフル回転させては売ったり買ったりするイメージがありますが、「全額売り」をやってしまうと、次の再投資するタイミングをずっと考え続けることになります。それだけでも負担ですし、再投資するタイミングをミスると、「売っただけムダ」ということも起こります（例えば売ったあともぐんぐん株価が上ったとすれば、むしろ値上がり分をただ取り逃すことになる）。

長期積立分散投資のスタイルであれば、「部分的」に売って全体としての投資は継続していくことが大切です。

これは投資信託が好きな金額で売却できるからこそ選べる手法です。NISAやiDeCoでこそ「部分的に売る」を実行してみてください。

運用の見直し①
毎月の「積立額」の運用を見直す

さて、ひとつ目の見直しは「毎月の積立額」について、その投資先を変更するアプローチでした。例えば、次のような方法で運用を見直すケースです。

- **毎月購入する投資信託を全額AからBへ変更したい**
- **毎月の積立額における投資金額を変更したい（積立定期預金とNISAの金額を変更する、iDeCo内での元本確保型商品と投資信託の金額を変更する）**

iDeCoではこれを掛金の配分指定変更と説明しましたが、これはiDeCoに限らず資産運用の見直しにおける選択肢のひとつです。つみたてNISA（つみたて投資枠）でも毎月の商品購入を指定する画面があり、同様の指示ができます。

すでに説明しましたが、iDeCoは「%」で商品を指定します。NISAは積立購入を指定済みの商品を選択し、積立金額を指定し直します。

投資信託の入れ替えや変更はもちろんですが、「預金と投資」の比率を見直す場合は、NISAの入金額を増減し、それにあわせて積立定期預金の入金額を増減します。

現状のiDeCoとつみたてNISAは上限が小さいので、枠を使い切っている場合も多いでしょうが、2024年以降のNISAはつみたて投資枠でも月10万円相当の枠が用意されていますから、こうした微修正もしやすくなると思います。もし悩んだら「iDeCoをまずは満額、その後つみたてNISAの枠を増額」というステップで考えてみましょう。

運用の見直し②
「資産全体」の運用を見直す

もうひとつの見直しは資産全体で売買を行うものです。

iDeCoのWEB画面では投資信託や定期預金の売買を行うことをリバランスと呼びますが、これと同様のことをあなたの財産全体で考えるものです。特長は「売る商品」と「買う商品」を対になって指定することです。

もう少し具体的に考えるとアプローチは2つあります。

①そもそもの「預金：投資」の比率を見直す売買

②「投資」資金内での商品を見直す売買

そもそもの「預金：投資」の比率を見直す売買

リバランスは「預金：投資」の割合を見直すことで行うものと、投資資金内での投資対象（商品）の割合について見直す部分とが考えられます。

みなさんにじっくり考えて実行してほしいのは、運用商品の入れ替えよりも、**そもその投資割合の変更**です。

先ほど、投資割合について「4：6」あるいは「5：5」といった計画と実態がズレていることを運用見直しの理由としてきましたが、投資経験が蓄えられ、自ずと投資知識も獲得された場合、「そもそもの配分計画」を変更することが考えられます。

「気がつけば投資割合4割とした計画よりも投資資金の割合が多くなっている（値上がり益が原因の場合もあれば、積立投資が継続されたことによる場合も）。しかし自分としては投資に興味関心も出てきたし、また投資割合を5割まで高めてもいいと考えているので、このまま積立投資額は多めにし、値上がり益もそのまま手つかずとしたい」

このようなことはあっていいわけです。これを「なんとなく儲かっているから手つかずとする」というのと、「投資割合の計画を4割から5割に引き上げていこう」と考えるのかは大違いです。

ところで、投資割合の変更は逆もあります。「そろそろリタイアも近いし投資割合を下げていこう」というような見直しが出てくることも考えられます。一般的には資金使途が近づいてきたらリスクを抑えるべきです。

こうした場合は、市場が好調である場合こそ、部分的に利益確定をして現金のウエートを高めていくといいでしょう。もちろんここでも**「全額売り」**ではなく**「部分的に売り」**とすることをおすすめします。

「投資」資金内での商品を見直す売買

普通の人にとって、A投資信託がいいかB投資信託がいいかを見極め、乗り換え続けていくことは大きな負担です。しかし、「投資の見直し」といえば多くの人がイメージするのはこちらでしょう。

ただし、最初に考えたいのは**「投資対象の見直し」**があって、**その後に「商品の見直し」があるというのが基本的な流れ**です。

一般的に、リバランスは投資資金内での投資対象別の保有割合を見直すことを意味します。

例えばGPIFの運用方針のように「国内株25：国内債券25：外国株25：外国債券25」とした場合、株式投資についてはどうしても時価の変動が生じます。株価が上がれば「28：21：30：21」のように割合がずれてしまいます。

この実際の投資割合と運用目標とのズレを確認し、リスクが目標より偏っていると考えて軌道修正するのがこのプロセスです。基本的には株式投資やREITのほうが期待リターンとリスクが高く、債券運用のほうが期待リターンとリスクが低いので、これらのあいだで売買を行い割合を調整します。

しかし、まじめにリバランスをやっていくのは、個人にとってはかなり難易度の高い方法です。売買する金額も小刻みになってしまい、一度や二度はできても、手間がかかりすぎると継続性が担保できなくなります。

バランス型ファンドならリバランスを「自動化」できる

本書ができるだけシンプルにバランス型ファンドの活用を提案しているのは、実はこのリバランスを「自動化」させられるからです。

バランス型ファンドは、それぞれが提示した資産配分割合があります。運用実態が計画とズレた場合、ファンド内でリバランスするところまでが運用方針の一部となっているのです。

例えば国の年金運用と同じ方針を掲げているバランス型ファンドがあったとします。株価が上がって「株55%：債券45%」にズレたら、ファンド自体が「50：50」に自動的に戻してくれるのです。株価が値下がりした時期も「45：55」になったときは「50：50」に戻してくれます。

自動的なリバランス機能により、値上がり時は部分的な利益確定をしたことになりますし、値下がり時は部分的な安値仕込みをしてくれたことにもなります。個人のリバランスの手間は、バランス型ファンドひとつで大きく軽減されるという仕組みです。

また、**NISA口座での運用としてみた場合、これは「売却にならない」というのもメリットです。**単体の投資信託を「売って、買う」という行為は、売った投資信託はNISAの非課税投資枠からいったん退場することになり、購入資金は新しい買付枠の利用とみなされます。「投資信託→投資信託」と資金移動しているわけですが、NISA口座としては「口座から出て→口座に入ってきた」とみなされるのです。

ところが、バランス型ファンドの内部での売買は、個人にとっては投資信託を売ったことにならないため、非課税投資口座にそのまま資産を残しながら、リバランスもできるわけです。

このメリットは、長期投資においてはぜひ活かしたいところです。

なんとなく「あの投資信託、人気だから買い足そう」とか「あのファンドマネージャー、テレビに出ていたから、運用担当者の顔はよく分からないファンドを手放して乗り換えよう」のようなことはリバランスとしてはおすすめしません。

悩んだときは、「自分が決めた計画」をベースに判断してください。

NISA口座・iDeCo口座でのリバランスの注意点

リバランスに際しては**「非課税投資口座からの資金流出」と「売買コスト」の問題も考える必要があります。**

先ほど、NISAで運用している投資信託について「売る→買う」が「NISA口座から出る→NISA口座に入る」という説明をしましたが、スポットでの購入は2024年からのNISAでは成長投資枠の行使となります(つみたて投資枠は定期的に買うだけの枠)。今までつみたてNISAは定期購入しかできなかったので便利になったとはいえ、年240万円、累計で1200万円以下という成長投資枠の制限を意識する必要があります。

なお、iDeCoではiDeCo口座から現金として出金できない制約があるので、何度売買を繰り返しても枠を気にすることなく非課税投資ができます。

売買コストについては、現在はほとんど問題とならなくなってきました。ノーロードのファンドが増えてきたことで、「リバランスをやりすぎて売買手数料のほうが高くついた」という問題はほとんど生じないからです。

むしろ手数料引き下げ合戦の進展により「今まで持っていたインデックス・ファンドの運用管理費用が年0・2％以上も割高になってしまった」というような現象が起きるようになっており、見直しについては割安な商品への乗り換えを意識したほうがいいかもしれません。

私自身、iDeCoのリバランスは一度もやったことがありませんが（バランス型ファンドを100％保有し、現金は手元で保有しバランスを取る方針）、運用管理費用が低い投資信託の新規採用に伴い、旧ファンドから新ファンドへ全額移し替える作業を行ったことが一度だけあります。なにせ年0・5％の手数料ダウンが生じるわけですから、資産が500万円以上に育ってくると無視できません。

ここまで、リバランスについていくつかの視点を提示しました。

著者としてはバランス型ファンドを1本「投資用」として据え、現金保有割合とのバランスだけを意識したほうがシンプルだと思います。

また、1～2％くらいのズレは許容して「翌年考えよう」くらいでも問題ありませんので、実施負担を軽くするほうを意識してみてください。

積立金・掛金の増額を検討する

年収が増えたら積立額の増額を検討

最後にもうひとつ検討しておきたいのは、**毎月のNISAやiDeCoへの積立額の増額**です。

資産形成を早く始めた人はまだ年収も低く、拠出余力は小さいはずです。年齢に応じ、あるいはキャリアを高めていく中で年収がアップすれば、もっと多く積立ができるようになります。

投資初心者が少額で積立をスタートするのはいいことですが、あまりにも少額の積立だと、そもそもの金銭的ゴールにたどりつかない可能性もあります。拠出する余裕が増したのであれば積立を増額することを考えなければなりません。

年収アップが実現したり、家計管理の効率化により貯蓄余力が増えた場合、積立金の増額を行いましょう。

NISAもiDeCoも、毎月の引き落とし額の増額は、意思表示があれば行えます（ただし、iDeCoの場合、執筆時点では紙の書類提出が原則のようです）。

多くの場合、iDeCoは上限まで積み立てていても、2024年以降は新しいNISAの積立投資の上限（つみたて投資枠で月10万円）を使い切れないと思います。

増額の狙い目としてはこちらになります。

iDeCoのほうはときどき法律改正が行われて、上限が引き上げられるので、そのタイミングで忘れずに引き上げをしておきましょう。

物価が上がると、将来の必要額も増える

実はまさに今、積立額を大幅に増額する必要が高まっています。

その理由は**インフレ対応**です。

物価高が今後は継続する可能性が高まっています。この場合、将来に必要なモノの値段も高まりますからは準備額を高めていく必要があります。

いわゆる「老後に2000万円」は将来の必要額を現在価値で考えています。食品

等の値段が4％ずつ10年連続で引き上げられたと仮定すれば、物価は約48％上昇することになります。つまり「老後に2960万円」に上方修正されてしまう計算です。**20年も上昇し続けば「老後に4382万円」になるインパクトがあります。**

未来の必要額を上方修正する感覚、物価上昇を20年以上体感していなかった日本人にとっては難しいものです。しかし、欧米などでは実際に起こっている現象です。今から考えて遅いことはありません。

運用利回りは物価上昇を上回るチャンスをもたらしますが、大幅に超えられるとは限らず、重要な対策となるのはやはり毎月の掛金を増額することです。

賃上げが実現したときなどは、地道に毎月の掛金も引き上げて、未来にも備えておきましょう。

自動的な積立額の引き上げはできるか？

ところで、給与の一定「率」で積立額を指定できれば「給与アップ＝積立額アップ」となるので自動的に積立額の増額ができるのですが、日本の制度ではこれに該当する仕組みがほとんどありません。アメリカの401(k)プランなどは、社内制度となっており、給与の定率の指定で積立投資されるのですが、日本では同種の制度はないのです(企業型の確定拠出年金に上乗せするマッチング拠出も「率」の指定はできない)。

銀行や証券会社があなたの給与振込額まで把握して積立を増額するシステムというのも居心地が悪いでしょうから、ここは自分で増額改定の手続きをするしかないでしょう。

まとめ：株価を見ずに「自分の変化」を見てから売ろう（買おう）

ここまで、ＮＩＳＡやｉＤｅＣｏの運用の見直しについてまとめてきましたが、「運用をチェックしたが、このままの継続でよし」と判断することも多くあります。まずはこのことを忘れないようにしましょう。

次に大事なことは、目の前の株価にこだわらないことです。

それよりもっと見つめるべきものは「自分自身」です。

目の前の株価水準が高すぎるのか低すぎるのか、あるいは将来はどちらに推移するのか評価が難しいものです。これはプロでも評価が割れます。

しかし、自分自身の問題は自分自身が判断できます。そして「自分自身しか」判断できません。売る・売らないといった判断をするときに、相場ではなく自分自身に理由を求めるほうが、結果としても合理的になります。

「私はそろそろリタイアが近づいているので、少し投資割合を低くして、現金を多く保有しておきたい」と考えるのは、株価水準とは関係なく必要な投資行動です。この場合はためらわず投資割合を低くすればいいのです。

「私は初めて投資をスタートしてから2年経ち、投資理解度が少しは高まってきたので、投資割合を高めていきたい」と判断したら、株価は気にせずに投資割合をアップしてもかまいません。

そして、「自分が決めた投資割合」を意識すれば、シンプルに判断できます。「預金：投資」の割合を10ポイントないし15ポイントくらい変えるイメージを作りながら、新しい計画を作り、お金を部分的にシフトしていくと考えれば、売却あるいは購入する金額の目安もつけやすくなります。

繰り返しとなりますが、「売る理由」をマーケットに求めないようにしましょう。

おわりに

ＮＩＳＡとｉＤｅＣｏを活用して「お金の増やし方」を本気で考える仕組みを考えてきました。資産運用においては短期的な騰落だけに着目するのではなく、「お金を増やす」仕組み作りが重要です。

毎月どのようにして積立額を捻出していくのか、それを日々の株価に踊らされずにどのように投資し続けていくのか、そしてまた、ゴールに向けてどうメンテナンスしていくのか。大事なことは実行な可能な負担度合いであることです。

毎日株価を数時間チェックしなければならないような投資スタイルも、全額失うような高いリスクを取る売買も、普通の会社員には実行不可能です。

しかし、ＮＩＳＡとｉＤｅＣｏを活用すれば、日々の生活と仕事に集中をしながら、長い目でみてしっかりお金を増やしていくことができるはずです。

ただし、最後にひとつだけアドバイスしておくことがあります。

それは「口座開設の手続き」をし、「家計簿アプリをインストールして節約を開始」することです。

NISAもiDeCoも口座開設は少しだけ面倒です。

特にiDeCoは書類が煩雑で、スタート前で何度かくじけそうになります。しかし、一度積立投資がスタートすれば、あとは残高さえ足りていれば積立が自動実行されていきます。ぜひ「口座開設」を実行してください。

そして、あなたの銀行預金通帳に引き落とし額分の残高確保をするためには、節約が重要となってきます。本書でも何度か「節約も運用」と解説しましたが、本気で資産形成をするなら、株価より家計の分析が大切です。ぜひ「家計簿アプリをスマホにいれて節約実行」に取り組んでみてください。

あとは時間をかけて長期積立分散投資していけば、積立元本とその運用益が積み重なり、しっかりとした資産に育っていきます。

ぜひ最初の一歩を踏み出してみてください。

最後に謝辞を。

本書の企画・編集を担当いただいたフォレスト出版の寺崎翼さん、デザインを担当いただいたtobufuneさん、作図を担当いただいた二神さやかさん、お世話になりました。また、フォレスト出版営業部のみなさま、印刷・製本から取次、書店まで、本書を取り扱っていただいたたくさんの方々にも御礼申し上げます。

そして、本書をお手に取っていただいた読者の方々へ。

あなたの未来のウェルビーイング（幸福）を手に入れる力に、ＮＩＳＡとｉＤｅＣｏ（と本書）が少しでも役立てば幸いです。

山崎俊輔

【著者プロフィール】

山崎俊輔（やまさき・しゅんすけ）

1972年生まれ。フィナンシャル・ウィズダム代表。

ファイナンシャルプランナー、消費生活アドバイザー。

確定拠出年金を中心とした企業年金制度と投資教育が専門。1995年中央大学法学部法律学科卒業後、企業年金研究所、FP総研を経て独立。2017年2月からは、厚生労働省の確定拠出年金の運用に関する専門委員会で委員を務め、DC法改正の議論にも参画している。

分かりやすく読みやすいお金のコラムが人気で、Yahoo!ニュース、マネー現代、東洋経済オンライン、プレジデントオンラインなど、連載10本を抱える人気FPのひとり。

コミックレビューのコラムも連載しているほどのゲーム、アニメ、マンガ好きであり、自称・オタクFP。コミックの蔵書は5000冊以上。

仕事や家事育児の効率化をつねに模索するライフハック好き。

著書『読んだら必ず「もっと早く教えてくれよ」と叫ぶお金の増やし方』（日経BP）、『共働き夫婦　お金の教科書』（プレジデント社）、『スマホ1台で1000万円得する！マネーアプリ超活用術』（PHP出版社）、『お金の悩みは4マスで考える』『普通の会社員でもできる日本版FIRE超入門』（ディスカヴァー・トゥエンティワン）、『大人になったら知っておきたいマネーハック大全』（フォレスト出版）など多数。

Twitter アカウント @yam_syun
YouTube 公式チャンネル　youtube.com/@FPyam

新NISAとiDeCoでお金を増やす方法

2023年8月7日　　初版発行

著　者　山崎俊輔
発行者　太田　宏
発行所　フォレスト出版株式会社
〒162-0824 東京都新宿区揚場町2-18　白宝ビル7F
電話　03-5229-5750（営業）
　　　03-5229-5757（編集）
URL　http://www.forestpub.co.jp

印刷・製本　萩原印刷株式会社

ISBN978-4-86680-174-2　Printed in Japan